Verena Knoblauch

Tablets in der Grundschule

Konzepte und Beispiele für digitales Lernen

Hinweis: Wir sprechen hier wegen der besseren Lesbarkeit von Schülern bzw. Lehrern in der verallgemeinernden Form. Selbstverständlich sind auch alle Schülerinnen und Lehrerinnen gemeint.

Impressum

Tablets in der Grundschule

 **Verena Knoblauch** ist Grundschullehrerin und Medienpädagogin. Gemeinsam mit einer Kollegin plante sie zum Schuljahr 2015/16 die Einführung von zwei mit Tablets ausgestatteten Klassen und etablierte diese an der Schule. Als Klassenleitung in den Klassen 3 und 4 erprobt sie seitdem Ideen, wie digitale Medien im Unterricht eingesetzt werden können, entwickelt diese Ideen weiter und versucht, den Unterricht im Sinne einer zeitgemäßen Bildung neu zu denken und zu verändern. Außerdem ist sie in der Lehrerfortbildung tätig, hält Vorträge und Workshops zum Thema „Lehren und Lernen mit digitalen Medien" und kooperiert mit der Friedrich-Alexander-Universität Erlangen-Nürnberg. Dieses Buch ist Sammy gewidmet.

2. Auflage 2020
© 2020 AOL-Verlag, Hamburg
AAP Lehrerwelt GmbH
Alle Rechte vorbehalten.

Veritaskai 3 · 21079 Hamburg
Fon (040) 32 50 83-060
Fax (040) 32 50 83-050
info@aol-verlag.de · www.aol-verlag.de

Redaktion: Kathrin Grüling
Layout/Satz: Satzpunkt Ursula Ewert GmbH, Bayreuth
Coverfoto: © contrastwerkstatt – stock.adobe.com
Autorenfoto: © Lisa Hörterer

ISBN: 978-3-403-10596-1

Engagiert unterrichten. Begeistert lernen.

Downloadmaterialien

Einige der Videos sind zum Download verfügbar.

1 Entstehung dieses Buches

Mit dem Thema „Tablets im Grundschulunterricht" beschäftigte ich mich zum ersten Mal, als mein Schulleiter mich mit den Worten „Frau Knoblauch, sie bekommen einen Klassensatz Tablets gespendet" ziemlich überrumpelte. Die Tablets kamen also tatsächlich eher zufällig in meine Klasse: Eine ortsansässige Softwarefirma, die an Bildungsfragen sehr interessiert und engagiert ist, trat an meine Schule mit dem Angebot, zwei Klassensätze Tablets zu spenden, heran. Ich kam also zu den Tablets, ohne vorher einen Plan zu haben, was ich damit im Unterricht eigentlich tun will/soll/kann oder wie der Unterricht damit aussehen könnte. Denn in der Theorie sollte natürlich zuerst ein Konzept erstellt werden, wie man digitale Medien im Unterricht nutzen möchte, bevor die dafür notwendige Ausstattung dann den Bedürfnissen entsprechend geplant und angeschafft wird. Von der Spende bis zum Einsatz der Tablets, wie ich ihn in diesem Buch vorstellen möchte, war es also ein längerer Weg. Ich fing an, mich mit dem Thema auseinanderzusetzen, recherchierte, hörte und sah mich um, schaute über den Tellerrand, vernetzte mich mit Gleichgesinnten, probierte viele Dinge im Unterricht aus und lernte jeden Tag etwas Neues dazu. Während meine erste Idee, wie Unterricht mit Tablets aussehen könnte, hauptsächlich der Einsatz von Lern- und Übungsapps (also von Apps, mit denen bestimmte Lerninhalte eingeübt werden können) war, erkannte ich bald sehr deutlich, dass das Lernen mit und über digitale Medien viel mehr bedeutet, als die Nutzung der Tablets als Arbeitsblattersatz. Es ist so viel mehr möglich!

Um der Praxiserfahrung auch einen theoretischen Unterbau zu geben, schrieb ich mich an der Uni für das Erweiterungsfach Medienpädagogik ein, studierte nebenberuflich, lernte dabei noch mehr und schrieb dann das Examen. Von Anfang an arbeiteten wir eng mit der Stadt Nürnberg, dem Schulamt und der Friedrich-Alexander-Universität Erlangen-Nürnberg zusammen. Mittlerweile bin ich sowohl lokal als auch bundesweit als Referentin und Fortbildnerin tätig, um meine Erfahrungen und Ideen weiterzugeben und mich auszutauschen. Bei meiner Tätigkeit treffe ich regelmäßig auf Kollegen, denen es ähnlich geht wie damals mir. Die ins kalte Wasser geworfen werden und die sich neben all den anderen Aufgaben, die es zu bewältigen gilt, nun auch noch mit der Digitalisierung und der Vermittlung von Medienkompetenz beschäftigen sollen.

Aber ich bin froh über den Weg und die Art und Weise, wie ich ihn gegangen bin, weil ich dabei unglaublich viele neue Ideen, Möglichkeiten und Menschen kennenlernte und Erfahrungen sammelte. Da aber niemand im stillen Kämmerlein das Rad ständig neu erfinden muss und kann, möchte ich in diesem Buch meine Erfahrungen und Ideen aus über vier Jahren Einsatz von Tablets im Grundschulunterricht an interessierte Kollegen weitergeben. Und ich möchte Möglichkeiten für den Einsatz von Tablets im Unterricht aufzeigen, um Kollegen den Einstieg zu erleichtern und den Gedankenhorizont zu öffnen. Außerdem möchte ich dazu anregen, Unterricht auch einmal komplett neu zu denken, und Mut machen, die bekannten und relativ sicheren Wege gelegentlich zu verlassen, um Neues auszuprobieren.

Für dieses Buch waren mir drei Dinge wichtig:

1. Da man sich die Ausstattung nicht immer aussuchen und selbst zusammenstellen kann, zeige ich in diesem Buch ausschließlich Ideen, die relativ betriebssystemunabhängig durchgeführt werden können. Fairerweise muss man aber erwähnen, dass das Arbeiten für Schüler nicht auf allen Geräten gleich einfach oder komfortabel ist.
2. Für viele der gezeigten Beispiele reicht auch eine 1:n-Ausstattung, also eine Ausstattung, bei der nicht jedes einzelne Kind an einem eigenen Tablet arbeitet, sondern sich Kinder zu zweit oder in der Gruppe gemeinsam ein Tablet teilen können.
3. Ich präsentiere Ideen, die auf viele Unterrichtsthemen der Grundschule übertragen werden können und ohne Vorkenntnisse Schritt für Schritt umgesetzt werden können.

Auch wenn ich eher durch Zufall dazu kam, Tablets im Unterricht einzusetzen, bin ich mittlerweile überzeugt davon, dass

- für einen zeitgemäßen Unterricht, der die Kinder dazu befähigen soll, sich in einer durch Digitalität geprägten Gesellschaft zurechtzufinden und aktiv und selbstbestimmt daran teilzuhaben, der Einsatz von digitalen Medien wichtig ist.
- man die Chance ergreifen und Unterricht neu denken sollte, um das Potenzial digitaler Medien voll auszuschöpfen.
- digitale und analoge Methoden und Medien sich nicht gegenseitig ausschließen, sondern sich ergänzen.
- auch Grundschüler schon sinnvoll, produktiv und kreativ mit digitalen Medien im Unterricht umgehen können.
- man sich die Zeit während des Unterrichts nehmen muss, um die Schüler ihre Arbeiten, ihre Gedanken und ihre kreativen Produkte vorstellen und präsentieren zu lassen.

Wie man sich den letzten Punkt in der Praxis vorstellen kann, zeigt dieses Bild, auf dem ich mit meinem Schüler Jan bei einer Präsentation seiner Unterrichtsergebnisse zu sehen bin.

2 Digitale Medien in der Grundschule

2.1 Ein Thema – viele Begriffe

Digitalisierung, digitale Bildung, zeitgemäße Bildung, Lernen in der Kultur der Digitalität, Bildung im digitalen Zeitalter, Medienbildung, Lernen in einer durch digitale Medien geprägten Welt – Begriffe gibt es viele und sie setzen zum Teil auch andere Schwerpunkte. Ich bevorzuge die Begriffe „Lernen in der Kultur der Digitalität" oder „zeitgemäße Bildung", denn der Begriff „digitale Bildung" suggeriert für mich, dass es hauptsächlich darum ginge, die Bildung digital zu machen. Aber eigentlich ist das Ziel, Schule und Unterricht so zu gestalten, dass sie auf die veränderten Bedingungen in der Gesellschaft reagieren. Den Begriff „zeitgemäße Bildung" verwende ich also gerne, weil das Wort „digital" gar nicht vorkommt. Denn unabhängig von digital oder analog kann Unterricht zeitgemäß oder unzeitgemäß gestaltet sein. Auch mit digitalen Medien kann Unterricht unzeitgemäß, lehrerzentriert und altmodisch sein. Ebenso kann Unterricht ohne digitale Medien modern, zeitgemäß und schüleraktivierend sein. Digitale Medien können diesen Prozess unterstützen, abhängig von deren Verwendung. Ziel ist es also nicht, den kompletten Unterricht zu digitalisieren, sondern den Unterricht zu verändern und die Lebenswelt der Kinder in den Unterricht zu integrieren.

Mittlerweile vermeide ich auch den Begriff „Tabletklasse", weil er bei vielen Leuten die Vorstellung hervorruft, dass wir alles nur noch digital machen. Das stimmt aber so nicht und wäre auch ein großer Fehler. Heft und Stifte wurden nicht abgeschafft, sondern digitale Medien in den Unterricht integriert – da, wo es Sinn macht. Es geht also um eine ausgewogene Mischung aus analog und digital, nicht um ein Entweder-oder. Außerdem waren wir vorher auch nicht die „Heftklasse" oder die „Stiftklasse". Der Einsatz digitaler Medien sollte nicht als ein Alleinstellungsmerkmal hervorgehoben werden, sondern Bestandteil des Unterrichtsalltags sein.

2.2 Kritik und Erwiderung

Über den Einsatz digitaler Medien in der Schule wird viel diskutiert. Wenn es um weiterführende Schulen geht, herrscht noch weitgehend Konsens darüber, dass der Einsatz digitaler Medien im Unterricht sinnvoll und wichtig ist. Je jünger die Schüler sind, umso kontroverser wird darüber diskutiert.

Kritik am Tableteinsatz in Grundschulen

Anhand von zwei Kommentaren, die ich in den letzten Jahren als Reaktion auf meine Arbeit in Form von Leserbriefen oder Posts auf Social Media erhalten habe, möchte ich typische Argumente gegen Tablets in der Grundschule aufzeigen, aufgreifen und passende Erwiderungen formulieren.

Kann man nicht mal mehr die Kleinsten in unserer Gesellschaft in Ruhe lassen? Müssen auch die Jüngsten schon mit diesem Müll traktiert werden? Was ist bloß los mit dieser Welt? Wollen wir lieber ferngesteuerte Zombies, die ihr ganzes Leben nur noch in die „Röhre", 'tschuldigung, in das „Phone" glotzen? Oder Menschen, die sich im realen Leben zurecht finden?! Da wundert es mich überhaupt nicht mehr, wenn die Jüngsten bald nicht mehr reden, sondern nur noch whatsappen können. Da braucht man sich nicht zu wundern über die vielen Zombies, die rumlaufen.

Im Kindergarten und Grundschulbereich haben digitale Geräte nichts zu suchen, da die Kinder intellektuell noch nicht in der Lage sind, mit ihnen zielgerichtet umzugehen. Die meiste sog. „Lernsoftware" ist manipulativ und fördert nicht die Eigenständigkeit. Sie macht die Kinder zu Knöpfchendrückern und entzieht ihnen auf der anderen Seite sinnliche Erfahrungen, mit denen sie überhaupt erst ein Bewusstsein von der physischen Welt erlangen können. Ein kleines Kind lernt durch 2 Stunden Baumklettern oder Sandkastenspielen mehr als durch 2 Stunden Knöpfchen drücken.

Die Kritikpunkte ähneln sich und lassen sich meist den folgenden Kategorien zuordnen:
- Kritikpunkt 1: Die Nutzung von Tablets in der Grundschule ist zu früh.
  Die Kinder sind in der Grundschule noch zu jung, ihre Gehirne sind nicht ausreichend entwickelt, um sinnvoll mit den digitalen Geräten umzugehen.
- Kritikpunkt 2: Reale (analoge) und digitale Erfahrungen werden als sich gegenseitig ausschließend gegenübergestellt und bewertet.
  Kinder lernen durch reale Erfahrungen viel mehr als durch den Umgang mit digitalen Medien. Der Umgang mit digitalen Medien verhindert reale Erfahrungen.

Damit verbunden werden die folgenden Forderungen:
- Forderung 1: Kinder sollen lesen, schreiben, rechnen und denken lernen und nicht übers Tablet wischen.
- Forderung 2: Kinder müssen vor den Gefahren digitaler Medien beschützt werden.

Erwiderung auf die Kritik

Unterricht ist nicht entweder analog oder digital. So wie das Leben auch nicht analog oder digital ist. Ein solches Schwarz-Weiß-Denken hilft nicht weiter. Selten ist etwas nur *gut* oder *schlecht*.
Lesen, schreiben und denken lernen und der Einsatz digitaler Medien im Unterricht schließen sich nicht gegenseitig aus. Die Tablets können an mancher Stelle diesen Lern-

prozess unterstützen und gleichzeitig sind diese Fähigkeiten die Grundlage, um produktiv und sinnvoll mit den Geräten zu arbeiten. Außerdem geht es überhaupt nicht darum, reale Erfahrungen durch digitale Tätigkeiten zu ersetzen. Vielmehr geht es darum, digitale Medien an sinnvollen Stellen in den Unterricht zu integrieren. Und es geht auch darum, Unterricht neu zu denken, zu verändern und durch den Einsatz digitaler Medien neue Lernziele zu erreichen, die vorher gar nicht möglich waren. Und wenn das akzeptiert wird, können wir endlich aufhören, darüber zu diskutieren, OB digitale Medien in der Schule einen Platz haben sollten, und anfangen, uns darüber Gedanken zu machen, WIE sie im Unterricht eingesetzt werden.

2.3 Vier Argumente für den Einsatz von digitalen Medien im Unterricht

Pragmatisches Argument

Durch den Einsatz digitaler Medien können Abläufe im Unterricht erleichtert werden, wie z. B. das Bereitstellen von Material, die Präsentation von Arbeitsergebnissen oder die Evaluation. Mit diesem Argument kann man auch die zögerlichsten Kollegen überzeugen.

Rechtliches Argument

Im Strategiepapier der Kultusministerkonferenz (KMK) vom Dezember 2016 hat Schule den Auftrag erhalten, Medienkompetenz zu vermitteln. Der von der KMK beschlossene Kompetenzrahmen „Kompetenzen in der digitalen Welt"[1] formuliert verbindliche Anforderungen zu den Kenntnissen, Kompetenzen und Fähigkeiten, über die Schüler am Ende ihrer Pflichtschulzeit verfügen müssen (siehe *4.1 Anhang*).

Lebenswelt-Argument

Kinder leben und wachsen in einer Gesellschaft auf, die stark durch die Digitalität geprägt ist. Das muss man nicht gut finden. Aber selbst, wenn man digitale Medien aus dem Elternhaus und der Schule verbannen würde, könnte man die Kinder nicht dauerhaft vor diesen Einflüssen beschützen. Stattdessen ist es also die Aufgabe von Elternhaus und Schule, den Kindern Kompetenzen mitzugeben, um die Chancen und Potenziale der Digitalisierung für sich und das eigene Leben und Lernen zu nutzen. Außerdem geht es natürlich auch um die Vermittlung von Kompetenzen, um Risiken und Gefahren zu (er)kennen und damit umzugehen.

---

[1] Bildung in der digitalen Welt – Strategie der Kultusministerkonferenz in: Sammlung der Beschlüsse der Ständigen Konferenz der Kultusminister der Länder in der Bundesrepublik Deutschland, Wolters Kluwer Deutschland, Köln 2019.

Pädagogisches Argument

Durch den Einsatz digitaler Medien können neue Lehr- und Lernformen ermöglicht und eine neue Lernkultur mit veränderten Rollen von Lehrer und Schüler begünstigt werden. Warum ist das aber überhaupt nötig? Die letzten 100 Jahre hat Schule im altbewährten Modus doch auch ganz gut funktioniert.

Die Begründung für diese Notwendigkeit findet sich im Argument, dass sich die Lebenswelt der Kinder gewandelt hat: Gesellschaftliche und technische Veränderungen, wie die immer stärkere Automatisierung von Prozessen und die immer komplexer werdenden Informationen und Probleme, machen neue Kompetenzen nötig, um sich in dieser immer verändernden Welt zurechtzufinden und auf Veränderungen in der Zukunft zu reagieren.

Das Modell des Lernens im 21. Jahrhundert nennt vier Kompetenzen, die für Lernende im 21. Jahrhundert deshalb von besonderer Bedeutung sind: Kreativität, Kollaboration, kritisches Denken und Kommunikation (siehe Abbildung „Das 4K-Modell").

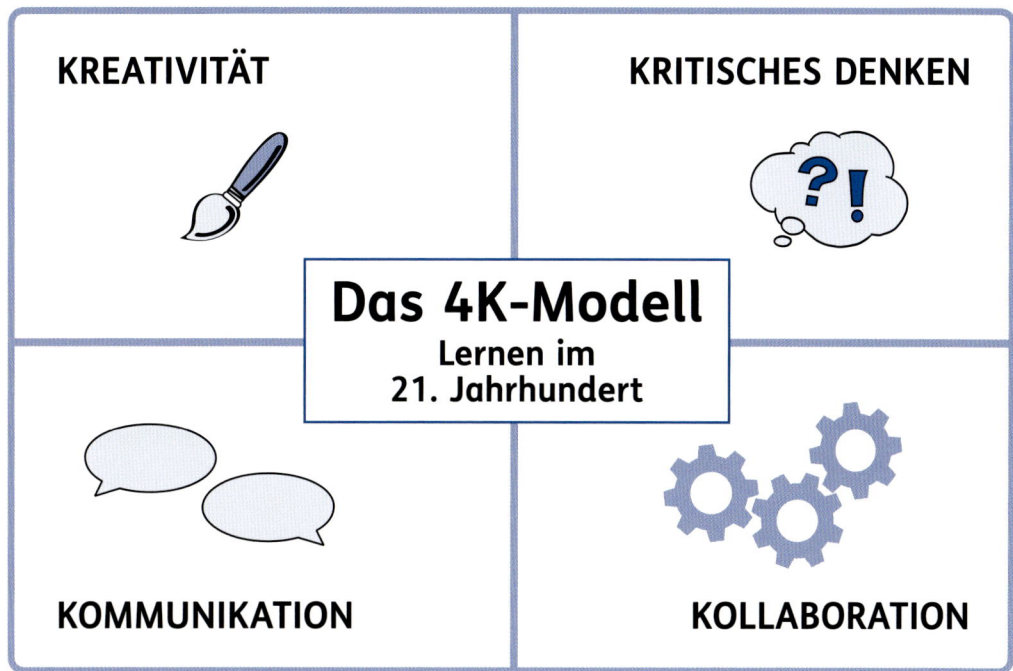

Abbildung: Das 4K-Modell

Erstmals erwähnt wurden diese vier Ks von der US-amerikanischen Non-Profit-Organisation „Partnership for 21st Century Learning (P21)", in der sich Wirtschaftsvertreter, Bildungsfachleute und am Gesetzgebungsprozess Beteiligte seit 2002 für die Bildung in einem digitalen Kontext einsetzen. In Deutschland wurde das Modell von Andreas Schleicher (OECD-Direktor für Bildung und Verantwortlicher für die PISA-Studien) in die Diskussion eingebracht. Dabei beinhalten die einzelnen Kompetenzen mehr, als man auf den ersten Blick vermuten würde. So geht es bei „Kreativität" z. B. nicht nur um das Malen eines schönen Bildes, sondern es geht dabei nach Jöran Muuß-Merholz darum, Neues zu denken, zu lernen und zu erarbeiten.

Abbildung: „Was die Leute für 4K halten – und was es wirklich ist" nach Jöran Muuß-Merholz

2.4 Fünf Ziele beim Einsatz digitaler Medien im Unterricht

Folgende Ziele verfolge ich im Unterricht mit dem Einsatz von Tablets:

Förderung von Medienkompetenz

Durch das Lernen mit und über digitale Medien soll die Medienkompetenz der Kinder ausgebaut werden. Es gibt viele verschiedene Definitionen von Medienkompetenz. Gerhard Tulodziecki definiert Medienkompetenz als die „Fähigkeit und Bereitschaft zu einem sachgerechten, selbst bestimmten, kreativen und sozial verantwortlichen Handeln in einer von Medien mitgestalteten Welt"[2].

Durch das Lernen mit und über digitale Medien und die Auseinandersetzung mit den Möglichkeiten der Tablets sammeln die Schüler wichtige Erfahrungen und lernen dabei

---

[2] Tulodziecki, Gerhard. Bado Herzig u. a. Medienbildung in Schule und Unterricht. Grundlagen und Beispiele. Bad Heilbrunn: UTB 2010, S. 84.

auch, zwischen dem Tablet zur Freizeitgestaltung und dem Tablet als Arbeitsgerät zu unterscheiden.

Förderung von Informationskompetenz

Wir leben in einer Informationsgesellschaft, in der fast jeder die Möglichkeit hat, online an Informationen zu gelangen, die noch vor einigen Jahren nicht so ohne Weiteres zugänglich gewesen wären. Allerdings muss man mit dieser gewaltigen Informationsflut auch effizient und verantwortungsbewusst umgehen, sodass man für sich und sein Lernen profitieren kann. Diese Informationskompetenz ist eine der Schlüsselkompetenzen, um sich in unserer modernen und dynamischen Informationsgesellschaft zurecht zu finden.

Ermöglichung einer neuen Lernkultur

Digitalisierung eröffnet neue Möglichkeiten, um Schüler zu befähigen, sich die Welt selbst aktiv und kreativ anzueignen, zu kommunizieren und zu kooperieren und in Projekten selbstgesteuert zu arbeiten. Dabei trainieren die Kinder Kompetenzen im Sinne des 4K-Modells.

Individualisierung und Differenzierung

Individualisierung und Differenzierung sind in der Grundschule sowieso unser Alltagsgeschäft. Tablets können die Lehrkräfte dabei unterstützen. Viele der hier vorgestellten Unterrichtsideen beinhalten ganz automatisch schon in der Aufgabenstellung eine Differenzierung: Jeder Schüler arbeitet auf seinem eigenen Niveau und/oder an die eigenen Interessen angepasst.

Vorbereitung auf weiterführende Schulen und Arbeitswelt

Die Grundschule vermittelt Kompetenzen, auf die in den weiterführenden Schulen und später der Arbeitswelt aufgebaut wird. Die in der Grundschule vermittelten Kompetenzen sollen anschlussfähiges Lernen ermöglichen.

2.5 Was bedeutet der Einsatz digitaler Medien im Unterricht? Und was bedeutet er nicht?

Wie schon zu Beginn des Kapitels erwähnt, ist das Ziel beim Einsatz digitaler Medien im Unterricht nicht die Digitalisierung von bislang analogem Unterricht, sondern Lernen zu ermöglichen, das den gesellschaftlichen Änderungen Rechnung trägt und die Schüler dazu befähigt, aktive Mitglieder der Gesellschaft zu sein und sich in dieser Gesellschaft selbstbestimmt zurechtzufinden.

Beim Einsatz der Tablets im Unterricht sind mir zwei Dinge besonders wichtig:

Kein Einsatz nur um der Technik willen

Wie ich schon an mehreren Stellen anklingen ließ, ist das Ziel beim Einsatz von Tablets im Unterricht nicht, bislang analoge Aufgaben einfach zu digitalisieren. Es geht nicht um den Ersatz analoger Aufgaben durch digitale. Die Kinder lernen weiterhin das Schreiben mit Stift und Heft. Wir machen weiterhin Ausflüge in den Wald, zur Kläranlage oder zur Feuerwehr, wenn das Thema im Unterricht behandelt wird. Vielmehr sollte das Ziel sein, digitale Medien sinnvoll in den Unterricht zu integrieren. Das heißt auch, dass ich Tablets nicht für jede Aufgabe nutze, nur weil ich sie zur Verfügung habe.

Potenzial der Tablets bewusst machen und ausnutzen

Eines sollte man sich dabei dringend bewusst machen: Wenn man nur seine Unterrichtsvorbereitungen der letzten Jahre nimmt und überlegt, wo man digitale Medien innerhalb dieser Planung mitverwenden kann, ist das natürlich nicht falsch. Aber wahrscheinlich schafft man es dann selten, das Potenzial der digitalen Medien wirklich voll auszunutzen. Axel Krommer erklärt diesen Gedanken mit der Metapher einer Reise: Ähnlich wie bei der Planung einer Reise kann ein Unterrichtsziel nicht unabhängig vom Transportmittel bzw. den vorhandenen Medien geplant werden. Denn welches Ziel erreicht werden kann, hängt stark von den vorhandenen Transportmitteln bzw. Medien ab: „Wer glaubt, man könne Unterrichtsziele gleichsam medienunabhängig festlegen, verkennt den entscheidenden Einfluss, den ein Medium auf den gesamten Unterricht besitzt, und ist dann möglicherweise blind für den eigentlichen didaktischen Mehrwert digitaler Medien.“[3]

Wenn bislang also keine digitalen Medien zu Verfügung standen, zog man bestimmte Ziele nie in Betracht: Man überlegt nicht, eine Reportage vor dem Greenscreen zu drehen, wenn man nicht die nötige Ausstattung dafür hat. Deshalb ist es absolut wichtig, Unterricht auch noch einmal ganz neu zu denken. Man sollte sich als Lehrkraft bewusst machen, was mit Tablets möglich ist, was vorher nicht machbar war. Plötzlich gibt es ganz neue Möglichkeiten! Natürlich kann nicht jede Schulstunde, jede Übungseinheit revolutioniert werden. Aber eine generelle Offenheit für die Möglichkeiten ist wichtig und unerlässlich, will man das Potenzial digitaler Medien voll ausschöpfen.

In diesem Buch findet man zum Teil Unterrichtsideen, die tatsächlich Ziele verfolgen, die ohne digitale Medien so nicht möglich gewesen wären, z.B. in den Kapiteln *3.3 Greenscreen*, *3.5 Book Creator®*, *3.7 Kooperatives und kollaboratives Arbeiten*, *3.4 Fake News* und *3.6 Stop-Motion-Film*. Aber es gibt auch Kapitel, in denen es um Möglichkeiten geht, den Unterrichtsstoff zu festigen und zu wiederholen, wie z.B. im Kapitel *3.11 LearningApps* oder *3.10 Kahoot!®*. Diese Formen des Einsatzes digitaler Medien im Unterricht werden teilweise massiv kritisiert, weil sie nicht besonders innovativ seien und Formen traditionellen Unterrichts wie Frontalunterricht und Einzelarbeit zementieren.

---

3   Axel Krommer: „Bring your own device!“ und die Demokratisierung des Beamers. Didaktische Dimensionen digitaler Technik. In: Knopf, Julia (Hrsg.): Medienvielfalt in der Deutschdidaktik. Erkenntnisse und Perspektiven für Theorie, Empirie und Praxis. Baltmannsweiler: Schneider Verlag 2015. S. 41.

Aber auch diese Einsatzszenarien haben ihre Berechtigung. Problematisch ist es jedoch, wenn es die einzigen Einsatzideen wären. Denn dann hätte man tatsächlich viel Geld für ein Tablet ausgegeben, das lediglich als Arbeitsblattersatz verwendet wird.

2.6 Voraussetzungen und Herausforderungen

Um digitale Medien im Unterricht sinnvoll und zeitgemäß einsetzen zu können, sind gewisse Voraussetzungen nötig:

Auf der einen Seite sind das natürlich die **technischen Voraussetzungen**. Dazu zähle ich neben der technischen Ausstattung (Tablets, Beamer, stabiles WLAN) auch den zuverlässigen technischen Support durch qualifiziertes Personal. Nur wenn diese Voraussetzungen erfüllt sind, besteht die Möglichkeit, digitale Medien gezielt im Unterricht einzusetzen und neue Ideen auszuprobieren. Diese technischen Voraussetzungen sind die Grundlage, aber sie sind noch lange kein Garant für guten, zeitgemäßen Unterricht und sinnvolle Nutzung der Geräte. Technische Ausstattung alleine verändert oder verbessert Unterricht nicht automatisch.

Außerdem brauchen wir **Konzepte**, wie und mit welchen Zielen digitale Medien im Unterricht genutzt werden sollen, und gleichzeitig leicht zugängliche, regelmäßige **Fortbildungen**, um die Ideen und Inhalte auch weiterzugeben und sich auszutauschen. Die Erstellung und kontinuierliche Überarbeitung von Konzepten, der Besuch von Fortbildungen sowie die Erprobung von Unterrichtsideen benötigen ausreichend **Zeit**.

Und schlussendlich brauchen wir **Mut**! Mut, Unterricht neu zu denken, neue Dinge auszuprobieren, ins kalte Wasser zu springen, Fehler zu machen, über den Tellerrand zu gucken, sich mit anderen auszutauschen und selbst jeden Tag dazuzulernen. Wir müssen auch mutig sein, den Kindern zuzutrauen, produktiv und kreativ mit digitalen Medien umgehen zu können.

3 Unterrichtsideen

Im Folgenden werden verschiedene Unterrichtsideen und Einsatzszenarien vorgestellt. Zu Beginn jedes Kapitels zeigt eine Übersicht, für welche Klassenstufen und Fächer die Idee (hauptsächlich) geeignet ist und welche Kompetenzen des von der Kultusminister-konferenz aufgestellten Medienkompetenzrahmens vorrangig Beachtung finden.

3.1 QR-Codes

Klassenstufen: alle
Fächer: alle

Kompetenzbereiche KMK:
1. Suchen, Verarbeiten und Aufbewahren

Was sind QR-Codes?

Bei QR-Codes handelt sich um zweidimensionale Codes, die aus schwarzen und weißen Quadraten bestehen und in die verschiedene Informationen eingebettet sein können. Sie sind eine Weiterentwicklung der schon länger bekannten Strichcodes, die auf Ver-packungen aller Art aufgedruckt sind und z.B. beim Einkaufen an der Kasse gescannt werden. Während die klassischen Strichcodes nur eine mehrstellige Zahl speichern und

maschinell lesbar machen, können in einem QR-Code wesentlich mehr Infor-mationen hinterlegt werden. Mittlerwei-le findet man sie fast überall: auf Verpa-ckungen, Plakaten, Visitenkarten und sogar in Museen, wo sie Zusatzinforma-tionen zu den Exponaten bereitstellen.

Die Abkürzung QR-Code steht für *Quick Response* (engl. für *schnelle Antwort*), was sich auf den raschen Zugriff auf die im Code hinterlegten Informationen bezieht. Durch das Scannen des Codes mit einer entsprechenden App gelangt man an die hinterlegten Informationen. Das kann z.B. ein kurzer Text oder auch eine Verlinkung zu einer Webseite sein.

QR-Codes scannen

Für jedes Betriebssystem gibt es viele verschiedene, kostenfreie Apps zum Scannen von QR-Codes. iPhone®- und iPad®-Nutzer brauchen ab iOS11® keine gesonderte App mehr, die Kamera hat schon einen QR-Code-Scanner integriert, der den Code automatisch liest, wenn er mit der Kamera erfasst wird. Wenn ein QR-Code lediglich einen Text beinhaltet, muss das Gerät, mit dem gescannt wird, nicht mit dem Internet verbunden sein.

Apps:
Android®: zxing
iOS®: QR Reader

 *Tipp*

Auch in diesem Buch werden alle vorgestellten Webseiten zusätzlich per QR-Code zur Verfügung gestellt.

QR-Codes erstellen

So einfach wie das Scannen der QR-Codes, ist auch deren Erstellung. Verschiedene Webseiten bieten diesen Service an. Mittlerweile gibt es dafür auch Apps.

Webseiten:	**Apps:**
QR Code Generator[4]	Android®: QR Code Generator
QRCode Monkey[5]	iOS®: QR Reader

Beispielhaft soll nun gezeigt werden, wie QR-Codes auf der Seite QRCode Monkey erstellt werden können.

[4] https://www.qrcode-generator.de (aufgerufen am 23.09.2019)
[5] https://www.qrcode-monkey.com/de (aufgerufen am 23.09.2019)

In der Zeile oben wird ausgewählt, was der QR-Code codieren soll. Für den Unterricht relevant sind vor allem URL (Link zu einer Webseite) und Text.

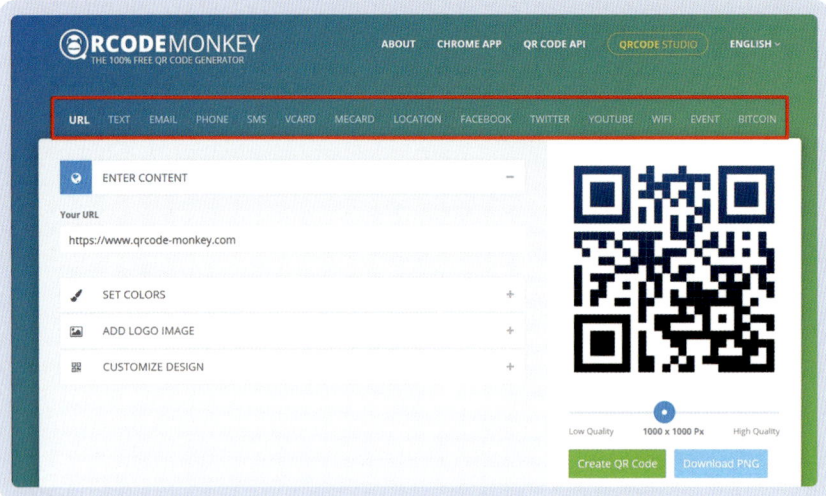

Beispiel 1: Der QR-Code soll einen **Link** auf eine Webseite beinhalten:
1. Datentyp *URL* auswählen
2. Link einfügen (in diesem Beispiel der Link zur Seite paulnewsman.com[6])
3. QR-Code erstellen
4. Fertigen QR-Code speichern oder per Copy-and-paste direkt kopieren und auf einem Arbeitsblatt einfügen

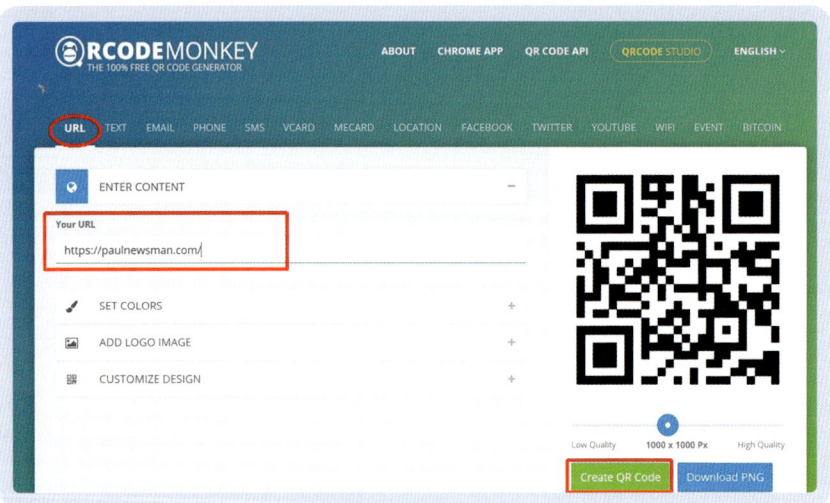

---

6 https://paulnewsman.com (aufgerufen am 23.09.2019)

© AOL-Verlag

Beispiel 2: Der QR-Code soll einen **Text** beinhalten:

1. Datentyp *Text* auswählen
2. Text eingeben (Da der Text komplett im schwarz-weißen Muster codiert wird, gibt es für den Text Zeichenbegrenzungen!)
3. QR-Code erstellen
4. Fertigen QR-Code speichern oder per Copy-and-paste direkt kopieren und auf einem Arbeitsblatt einfügen

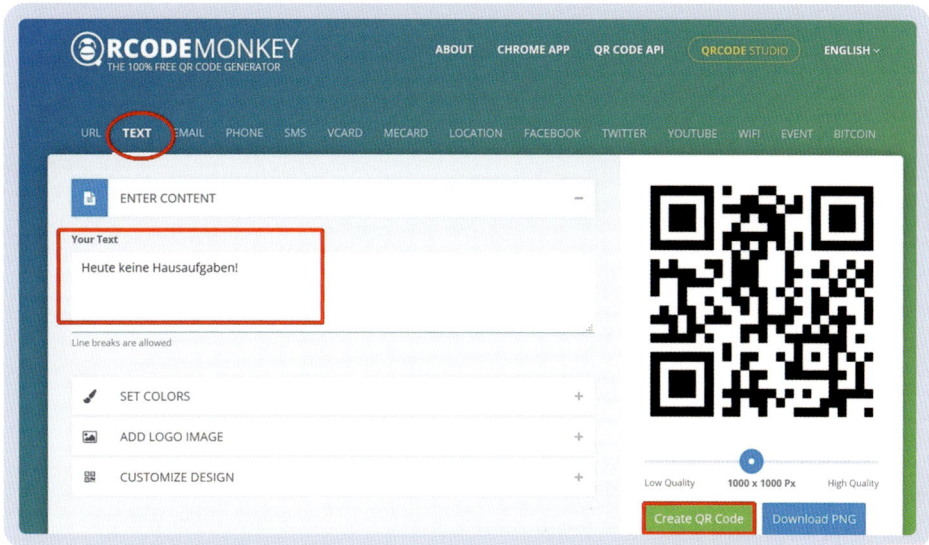

QR-Codes im Unterricht

Im Prinzip kann jedes Arbeitsblatt durch einen QR-Code angereichert werden: Lösungen, Erklärungen, weiterführende Informationen, Zusatzaufgaben, Filme, Bilder, die im Internet hinterlegt sind, können so den Schülern unkompliziert zur Verfügung gestellt werden. Schüler können auch selbst QR-Codes erstellen und z. B. Plakate, die sie zu einem Vortrag erstellt haben, mit zusätzlichen Informationen ergänzen. Sollen die Schüler eine bestimmte Webseite aufrufen, helfen QR-Codes und leiten nach dem Scannen direkt auf die verlinkte Seite weiter. Dadurch entfällt das Abtippen langer URLs.

Da bei der Internetrecherche mit einer Kindersuchmaschine nicht zu jedem Thema ausreichende oder aktuelle Informationen gefunden werden können, kann es manchmal hilfreich sein, den Kindern bestimmte Seiten per QR-Code zur weiteren Informationssuche zur Verfügung zu stellen (siehe Kapitel *3.2 Recherchieren*).

Im Folgenden sollen verschiedene Beispiele aus dem Unterricht gezeigt werden, bei denen QR-Codes eingesetzt wurden.

Beispiel: Forscheraufgaben zum Schutz des Auges

Ziel dieses Unterrichtsbeispiels ist, dass sich die Schüler durch verschiedene Versuche den natürlichen Schutz der Augen erarbeiten. Den Schülern wird eine Versuchsbeschreibung zur Verfügung gestellt. Sie führen den Versuch aus und überlegen anschließend mit dem Partner oder der Gruppe, was sie bei der Durchführung des Versuchs beobachtet haben und suchen nach einer Erklärung, wie die Versuchsbeobachtung mit dem Schutz unserer Augen zusammenhängen könnte. Danach scannen sie den QR-Code, lesen die Erklärung und überprüfen, ob sie mit ihrer Vermutung richtiglagen.

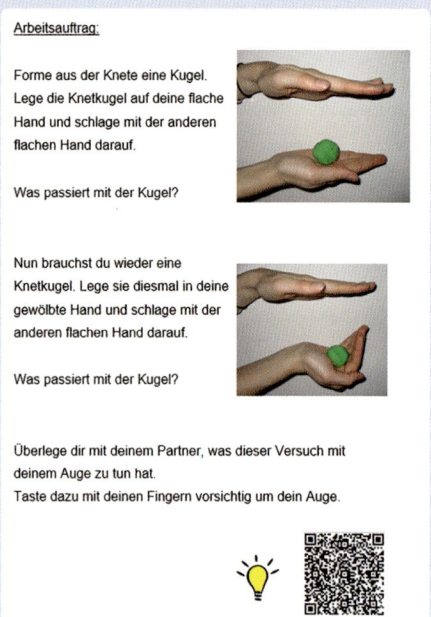

Beispiel: QR-Code zum Ausmalen

Auf der Seite mal-den-code.de[7] können unvollständige QR-Codes erstellt werden, die für ein Quiz verwendet werden können. Die fehlenden Quadrate sind mit Ziffern oder Buchstaben markiert. Welche Ziffern bzw. Buchstaben schwarz ausgemalt werden müssen, ergibt die Beantwortung von Fragen.

Fragen, Antwortmöglichkeiten und Informationen im QR-Code können dabei individuell erstellt werden.

---

[7] www.mal-den-code.de (aufgerufen am 23.09.2019)

Beispiel: Übungsaufgaben

Mit QR-Codes können digitale Zusatzaufgaben auf einem Arbeitsblatt zur Verfügung gestellt werden. So können z.B. leistungsstarke Schüler gefordert und Schüler, die zusätzliche Hilfen benötigen, gefördert werden.

Fazit

Sicherlich sind QR-Codes kein Feuerwerk an innovativem digitalem Unterricht. Sie können aber einen Einstieg bieten und helfen, digitale Inhalte zu integrieren, vorhandenes Arbeitsmaterial anzureichern und den Kindern gezielt verschiedene Webseiten zur Verfügung stellen, ohne dass die komplizierten URLs von den Schülern abgetippt werden müssen.

3.2 Recherchieren

Klassenstufen: ab Klasse 2
Fächer: alle

Kompetenzbereiche KMK:
- 1. Suchen, Verarbeiten und Aufbewahren
  - 1.1 Suchen und Filtern
  - 1.2 Auswerten und Bewerten
  - 1.3 Speichern und Abrufen
- 6. Analysieren und Reflektieren
  - 6.2 Medien in der digitalen Welt verstehen und reflektieren

Allgemeine Vorbemerkungen zum Thema „Recherche"

Wir leben in einer Informationsgesellschaft, in der fast jeder die Möglichkeit hat, online an Informationen zu gelangen, die noch vor einigen Jahren nicht so ohne Weiteres zugänglich gewesen wären. Allerdings muss man mit dieser gewaltigen Informationsflut auch effizient und verantwortungsbewusst umgehen, sodass man für sich und sein Lernen profitieren kann. Diese Informationskompetenz ist eine der Schlüsselkompetenzen, um sich in unserer modernen und dynamischen Informationsgesellschaft zurechtzufinden. Dabei ist die Informationskompetenz keine neue Kompetenz, die erst im Zusammenhang mit Internetsuchmaschinen entstand, sondern der Begriff stammt ursprünglich aus dem Bibliothekswesen. Der deutsche Bibliotheksverband e.V. definiert Informationskompetenz als eine *„Fähigkeit, die es ermöglicht, bezogen auf ein bestimmtes Problem, Informationsbedarf zu erkennen, Informationen zu ermitteln und zu beschaffen sowie Informationen zu bewerten und effektiv zu nutzen."* [8]

---

[8] https://bibliotheksportal.de/ressourcen/bildung/informationskompetenz (aufgerufen am 25.07.2019)

Aber es gibt auch andere Definitionen. So wird sie unter anderem als *„Fähigkeit, die es ermöglicht, Informationen effizient und in geeigneten Medientypen zu ermitteln, selektieren und beschaffen; zu verarbeiten, umzuwandeln und zu erzeugen; sowie über geeignete Kanäle zu kommunizieren"*[9] beschrieben.

Allen Definitionen gemein ist die Tatsache, dass verschiedene Teilkompetenzen unterschieden werden können, die im Ganzen dann die Informationskompetenz ausmachen:

a) Informationsbedarf erfassen
b) Verschiedene Informationsquellen kennen
c) Informationsquellen nutzen (= recherchieren)
d) Gefundene Informationen bewerten
e) Gefundene Informationen effizient einsetzen/präsentieren

Diese Teilkompetenzen haben auch ihren Weg in die Kompetenzbereiche der KMK gefunden (siehe Kapitel *4.1 Alle Kompetenzbereiche im Überblick*).
In diesem Kapitel soll es vor allem um die Teilkompetenzen a) bis c) und das Internet als Informationsquelle gehen. Dennoch ist natürlich klar, dass es verschiedene Quellen gibt. So verwenden die Kinder in meiner Klasse genauso selbstverständlich Bücher zur Recherche wie Suchmaschinen im Internet.

---

[9] Stöcklin, Nando: Informations- und Kommunikationskompetenz – das „Lesen und Schreiben" der ICT-Kultur. In: MedienPädagogik: Zeitschrift für Theorie und Praxis der Medienbildung (2012), S. 10.

So geht's

Welche Suchmaschine sollte in der Schule benutzt werden? Generell kann zwischen Suchmaschinen speziell für Kinder und regulären Suchmaschinen, wie z.B. Google®, unterschieden werden.

Beide bieten Vor- und Nachteile:

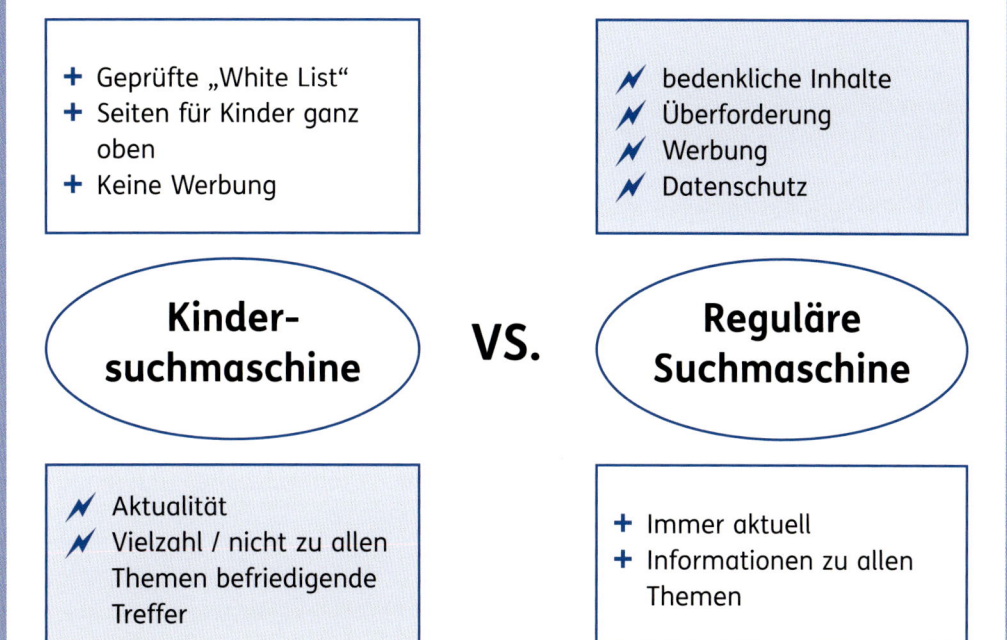

Suchmaschinen für Kinder sorgen dafür, dass nur für Kinder geeignete, von Medienpädagogen redaktionell geprüfte Treffer angezeigt werden. Ein noch größerer Vorteil ist die Tatsache, dass Seiten speziell für Kinder in den Suchergebnissen ganz oben erscheinen. Die Schüler finden so also Informationen, die sie auch verstehen können. Nachteilig ist, dass Suchmaschinen für Kinder nicht zu jedem Thema gute bzw. aktuelle Ergebnisse liefern, was manchmal frustrierend sein kann.

In meiner Klasse suchen die Kinder hauptsächlich mit der Kindersuchmaschine fragFINN. de[10]. Allerdings nutzen wir auch reguläre Suchmaschinen wie duckduckgo.com[11], wenn fragFINN.de keine passenden Treffer liefert. Man sollte reguläre Suchmaschinen nicht aus Angst vor unpassenden Treffern gänzlich aus dem Unterricht ausschließen. Schließ-

---

[10] https://www.fragfinn.de (aufgerufen am 23.09.2019)
[11] https://duckduckgo.com (aufgerufen am 23.09.2019)

lich ist es Aufgabe der Schule, den Kindern zu vermitteln, mögliche Gefahren und Probleme im Zusammenhang mit digitalen Medien zu erkennen und damit umzugehen (siehe Kompetenzbereich 4.1.1). Wer auf Nummer sicher gehen möchte und Suchmaschinen nutzen möchte, die sich speziell an Kinder richten, der wird hier fündig:

- fragFinn.de[12]
- helles-koepfchen.de[13]
- blinde-kuh.de[14]

 *Tipp*

> Wer eine reguläre Suchmaschine nutzen möchte, sich aber Sorgen um den Datenschutz macht, könnte auf die Suchmaschine DuckDuckGo® ausweichen. DuckDuckGo® arbeitet werbefrei und verspricht, keine persönlichen Nutzerdaten zu sammeln, in der Standardeinstellung keine Cookies zu verwenden, kein Tracking zu betreiben und Suchbegriffe nicht an die Betreiber der Seiten in den Suchergebnissen weiterzugeben.

Neben Informationen suchen die Schüler auch nach Bildern und Filmen, um damit z. B. Präsentationen zu erstellen. Grundschulkinder müssen sich sicherlich nicht mit den verschiedenen Bildlizenzen auskennen oder das Urheberrecht komplett durchschauen. Von Anfang an sollte den Schülern aber vermittelt werden, dass nicht jedes Foto, das im Internet gefunden wird, auch einfach für eigene Zwecke verwendet werden darf und dass es spezielle Seiten gibt, auf denen Bilder zur nicht kommerziellen Verwendung in der Schule gesucht werden können. Solche Seiten sind z. B.:

- Pixabay.com[15]
- pexels.com[16]
- unsplash.com[17]
- ccsearch.creativecommons.org[18]

In meiner Klasse ist die Pixabay®-App auf den Tablets der Schüler installiert, da die Bildersuche in der App übersichtlicher ist als auf der Pixabay®-Seite im Browser.
Dass dieses Thema auch für den Schulalltag relevant ist, zeigt unter anderem ein Urteil des Europäischen Gerichtshofes von 2018. Hier wurde ein Referat, in dem ein urheberrechtlich geschütztes Bild verwendet wurde, auf der Schulhomepage veröffentlicht. Der Fotograf entdeckte sein Bild und zettelte einen Rechtsstreit an, der bis vor den Euro-

---

[12] https://www.fragfinn.de (aufgerufen am 23.09.2019)
[13] https://www.helles-koepfchen.de (aufgerufen am 23.09.2019)
[14] https://www.blinde-kuh.de/smart-index.html (aufgerufen am 23.09.2019)
[15] https://Pixabay.com (aufgerufen am 23.09.2019)
[16] https://www.pexels.com (aufgerufen am 23.09.2019)
[17] https://unsplash.com (aufgerufen am 23.09.2019)
[18] https://ccsearch.creativecommons.org (aufgerufen am 23.09.2019)

päischen Gerichtshof ging. Dieser entschied, dass für Schulen in Bezug auf das Urheberrecht keine Ausnahmen gelten.

Allgemeine Informationen zu Urheberrecht und Lizenzen für Lehrkräfte können im Gesamtvertrag- Vervielfältigung an Schulen vom 20.12.2018[19] nachgelesen werden. Auch die Homepages der Kultusministerien der jeweiligen Bundesländer bieten weiterführende Informationen an.

Das Thema Urheberrecht (geistiges Eigentum) kann auch selbst Unterrichtsgegenstand sein. Eine Unterrichtseinheit zu diesem Thema bietet der Medienführerschein Bayern[20].

Unterrichtsbeispiele

Informationen online recherchieren

In den Lehrplänen finden sich viele geeignete Themen zur Recherche. Vor allem im Sachunterricht können die Kinder zu vielen Themen geeignete Informationsquellen nutzen. Besonders sinnvoll ist es, wenn die Schüler basierend auf ihrem eigenen Interesse entscheiden können, über welche Themen sie sich informieren möchten. Die Kinder nutzen zur Recherche aber nicht nur das Internet, auch Bücher stehen zur Recherche als gleichberechtigtes Medium zur Verfügung.

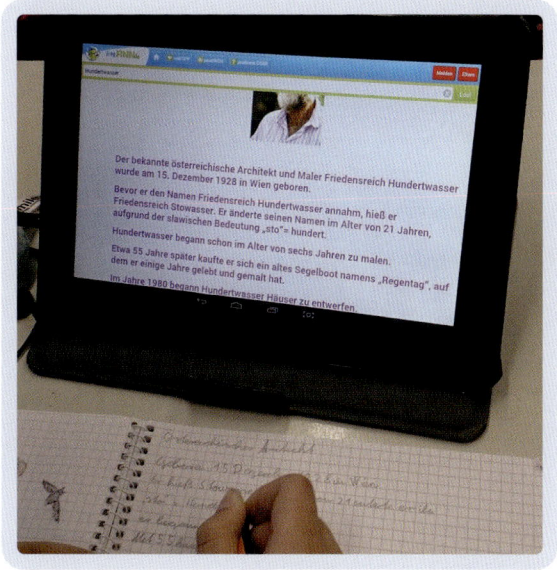

Neben länger angelegten Recherchen, z. B. für eine Präsentation oder eine Reportage, sind auch kurze „Recherchespiele" möglich. Beispiel: „Du hast 7 Minuten Zeit, um etwas über Libellen herauszufinden." Anschließend berichten die Kinder über die gefundenen Informationen.

---

[19] https://www.bibliotheksverband.de/fileadmin/user_upload/DBV/vereinbarungen/Vertrag_
Vervielfaeltigungen-an-Schulen.pdf (aufgerufen am 25.07.2019)

[20] https://www.medienfuehrerschein.bayern/Angebot/Grundschule/3_und_4_Jahrgangsstufe/30_Das_ist_
MEINE_Geschichte.htm (aufgerufen am 25.07.2019)

Schon bei dieser ersten Recherche entdecken die Kinder selbstständig und fast zwangs-
läufig die wichtigsten Regeln für eine erfolgreiche Suche. Denn bei einer Suche können
einige Probleme auftreten:

Problem 1: Es gibt keine passenden Treffer.
Tipp: Du brauchst einen geeigneten Suchbegriff. Wenn keine passenden Ergebnisse angezeigt werden, versuche andere Suchbegriffe.

Problem 2: Es gibt gar keine Treffer.
Tipp: Du musst den Suchbegriff richtig schreiben. Anders als bei Google® findet man bei
fragFINN.de tatsächlich nur dann etwas, wenn der Begriff korrekt geschrieben ist. Mittlerweile zeigt fragFINN.de aber auch alternative Schreibweisen als Vorschlag an.

Problem 3: Es gibt zu viele Treffer, deren Informationen nicht übereinstimmen.
Tipp: Du brauchst etwas Geduld und solltest die Informationen von verschiedenen Seiten
vergleichen!

Grundlage für eine erfolgreiche Recherche ist die Lesekompetenz der Kinder. Nur mit
ausreichender Lesekompetenz sind sie in der Lage, die Trefferseiten nach den gesuchten
Informationen zu durchsuchen. Eine weitere Kompetenz ist es, wichtige Informationen
von unwichtigen unterscheiden zu können.

© AOL-Verlag

Gefundene Informationen bewerten

Die Bewertung der gefundenen Informationen spielt auf der einen Seite immer mit hinein, wenn verschiedene Treffer angesehen und im besten Fall verglichen werden oder Kinder Informationen aus einem Buch mit Informationen im Internet vergleichen. Eine tiefergehende Bewertung und eine Kontrolle der Quelle auf Glaubwürdigkeit sind schwierig und bereiten auch vielen Erwachsenen große Probleme. Primär sind Grundschulkinder erst einmal froh, überhaupt passende Treffer zu ihrer Suche zu finden. Zumindest ein Bewusstsein dafür, dass nicht jede Information, die im Netz verfügbar ist, wahr und glaubwürdig sein muss, kann aber durchaus schon bei Grundschulkindern geweckt und gefördert werden. Beispiele dazu gibt es in den Kapiteln *3.3 Greenscreen* und *3.4 Fake News*.

Präsentieren/Einsetzen der gefundenen Informationen

Die Präsentation und der Einsatz der gefundenen Informationen können vielfältig aussehen. Beispiele dazu finden sich in den Kapiteln *3.3 Greenscreen, 3.5 Book Creator®* und *3.7 Kooperatives und kollaboratives Arbeiten*.

Fazit

Informationskompetenz als eine der Schlüsselkompetenzen, um sich in unserer Informationsgesellschaft zurechtzufinden, kann und sollte schon in der Grundschule gefördert werden. Eine wichtige Haltung ist dabei, sich einzugestehen, dass man nicht alles wissen kann und muss. Das gilt für Erwachsene genauso wie für Kinder. Aber man muss sich zu helfen wissen. Eine solide Wissensbasis ist dennoch notwendig, um die recherchierten Informationen einordnen und bewerten zu können. Ein zweiter wichtiger Punkt ist, dass zur Recherche nicht zwingend das Internet benutzt werden muss. Es geht nicht darum, digitale Medien für alles einzusetzen. Sondern es geht darum abzuwägen, welches Medium für eine bestimmte Aufgabe am besten geeignet ist. Aber nur wenn alle Medien zur Verfügung stehen und die Schüler die Kompetenz haben, sie zu nutzen, können sie sinnvoll entscheiden, welches Medium für die spezielle Aufgabe am geeignetsten ist.

 *Tipp*

Seiten mit interessanten Informationen zu einem Thema können den Kindern auch per QR-Code zur Verfügung gestellt werden.

3.3 Greenscreen

Klassenstufen: alle
Fächer: alle

Kompetenzbereiche KMK:
- 3. Produzieren und Präsentieren
  - 3.1 Entwickeln und Produzieren
  - 3.2 Weiterverarbeiten und Integrieren
  - 3.3 Rechtliche Vorgaben beachten
- 6. Analysieren und Reflektieren
  - 6.1 Medien analysieren und bewerten
  - 6.2 Medien in der digitalen Welt verstehen und reflektieren

Was ist Greenscreen?

Greenscreen, auch *Chroma Keying* genannt, bezeichnet eine Technik, die bei Foto- und Filmaufnahmen Anwendung findet. Dabei werden die Aufnahmen vor einem einfarbigen (meist grünen) Hintergrund gemacht, der im Nachhinein durch ein Programm weggerechnet und durch beliebige andere Hintergründe ersetzt werden kann. Dies eröffnet im Unterricht großartige Möglichkeiten für kreatives Arbeiten im Team.

Die grüne Farbe für den Hintergrund wird für diese Technik am häufigsten gewählt, da sie der menschlichen Hautfarbe am unähnlichsten ist und so die besten Ergebnisse erzielt werden können.

Benötigtes Material

Schon mit recht minimalistischer Aus-
rüstung kann die Greenscreen-Technik
im Unterricht mit guten Ergebnissen eingesetzt werden.

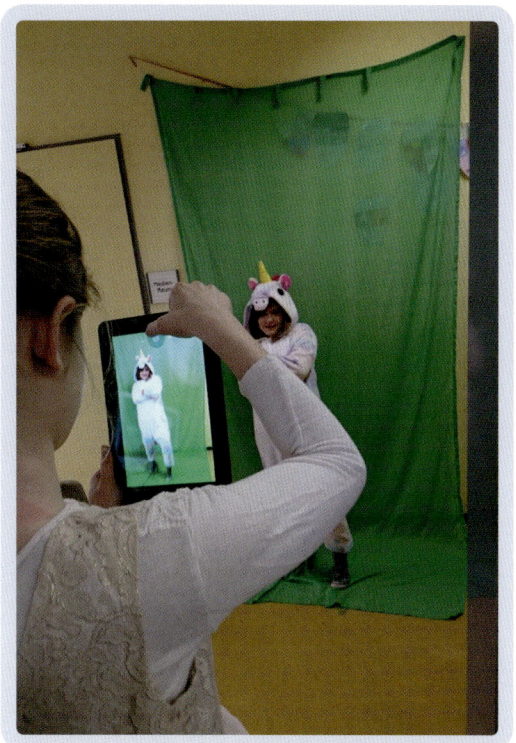

Benötigt wird:
- Grüner Hintergrund (Ich habe mit ei-
  nem geliehenen grünen Tuch aus der
  Mittagsbetreuung der Schule ange-
  fangen, das ich mit Reißnägeln im
  Flur vor dem Klassenzimmer an der
  Wand anbrachte.)
- Ein Gerät zum Fotografieren bzw. Fil-
  men (Tablet, Handy)
- Greenscreen-App oder ein PC-Pro-
  gramm
- Internetzugang für Suche von neuen
  Hintergrundbildern (alternativ kön-
  nen Bilder durch den Lehrer bereitge-
  stellt werden; das hängt auch vom
  Zeitrahmen ab, der für das Projekt
  bereitsteht).

Durch weitere Ausstattungsgegenstände kann das Ergebnis verbessert werden:
- größerer grüner Hintergrund (damit mehr Kinder oder Accessoires auf das Bild passen)
- Halterung für den Hintergrund
- Beleuchtung (je besser die Szene ausgeleuchtet ist, umso weniger Probleme gibt es
  mit Schatten)
- Mikrofon für bessere Tonaufnahmen
- Stativ für Filmaufnahmen

Beispiele für Apps:	Windows® PC / Apple iMac®:
Android®: für Videos: Kinemaster Pro® für Fotos: Chromavid® iOS®: Greenscreen by Do Ink® iMovie®	Movavi Movie Maker® Wondershare Filmora® Windows® Movie Maker® iMovie® Diese Programme sind in der Bedienung aber wesentlich komplexer als die Apps.

So geht's

a) Foto vor einem grünen Hintergrund machen

b) Neuen Hintergrund suchen (bei der Bildersuche auf Bilder mit passender Lizenz achten, siehe Kapitel *3.2 Recherchieren*)

c) Hintergrund austauschen

Je nach Betriebssystem gibt es verschiedene Apps, die zum Austausch des Hintergrundes verwendet werden können. Exemplarisch wird hier die App „Greenscreen by Do Ink®" für iOS® näher vorgestellt, da sie von allen von mir getesteten Apps diejenige ist, mit der sowohl Fotos als auch Videos bearbeitet werden können und die dabei sehr intuitiv bedienbar ist.

Nach dem Öffnen der App gelangt man in ein Fenster, in dem die bisher erstellten Projekte angezeigt werden. Mithilfe des Plussymbols kann ein neues Projekt gestartet werden.

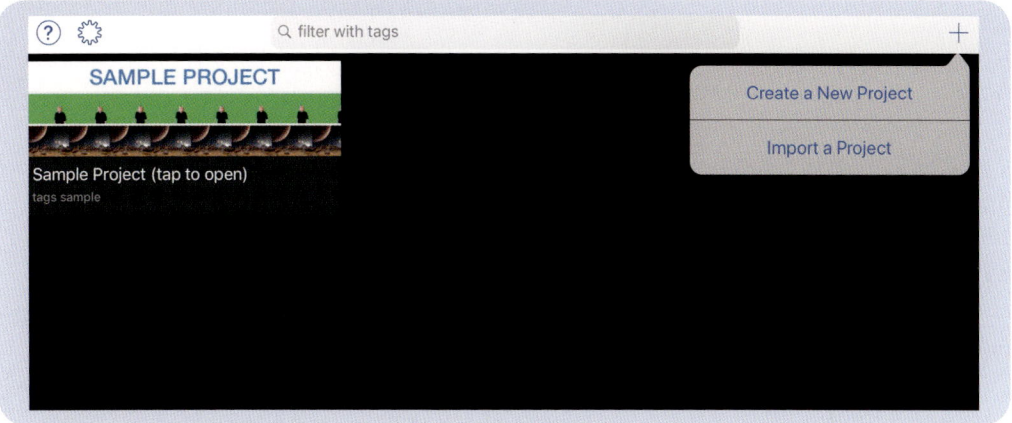

Nun werden drei Spuren angezeigt, die zur Bearbeitung der Filme oder Fotos verwendet werden können.

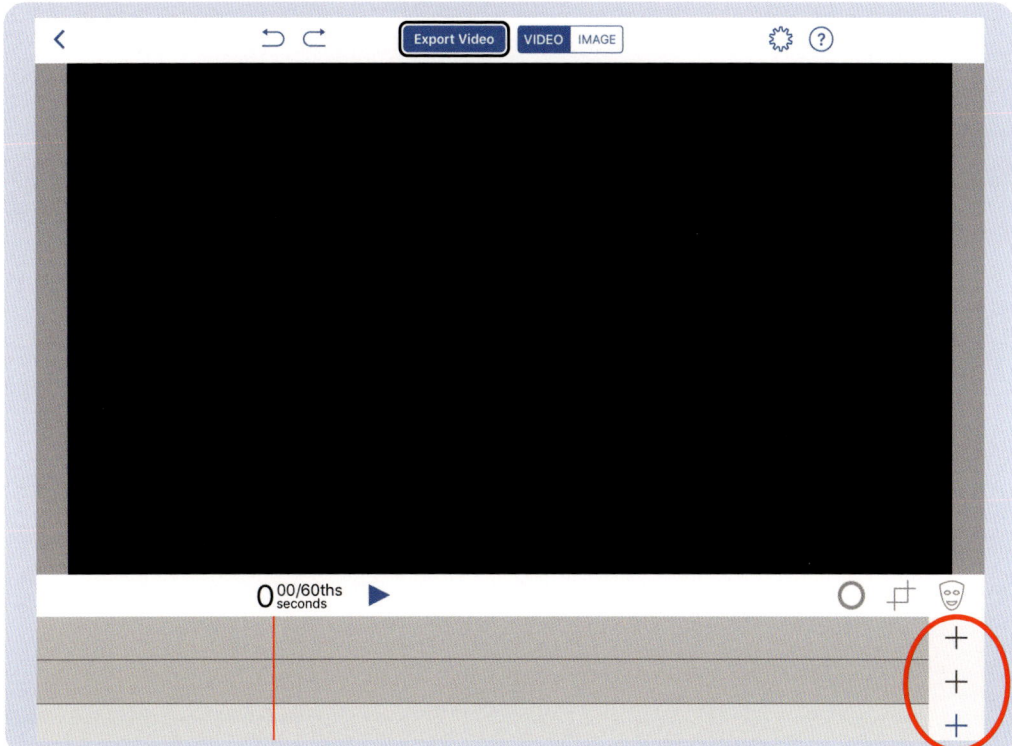

Auf die unterste Spur wird immer der neue Hintergrund gelegt. Das kann ein Foto oder auch ein Video sein.

Auf die mittlere Spur wird das Foto oder Video, das vor dem grünen Hintergrund aufgenommen wurde, gelegt. Das kann entweder aus der Galerie eingefügt oder auch direkt aufgenommen werden.

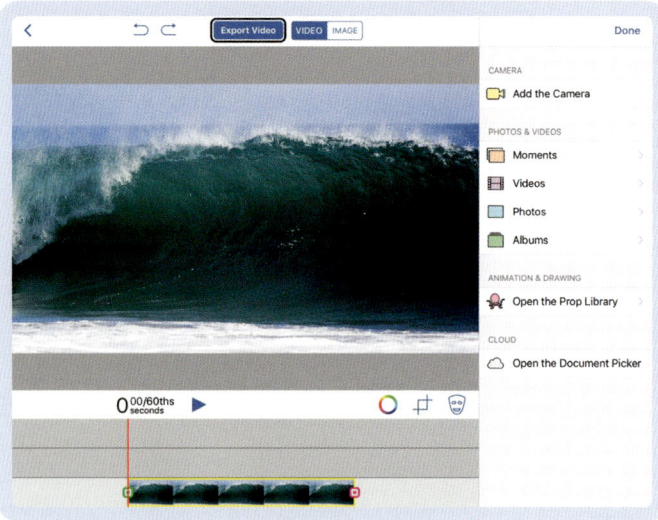

Der grüne Hintergrund verschwindet automatisch. Die Position des Bildes kann auf dem Hintergrund verschoben und die Größe durch das Ziehen mit dem Finger verändert werden.

Auf die dritte Spur kann optional noch eine weitere Person oder ein weiteres Objekt gelegt werden.

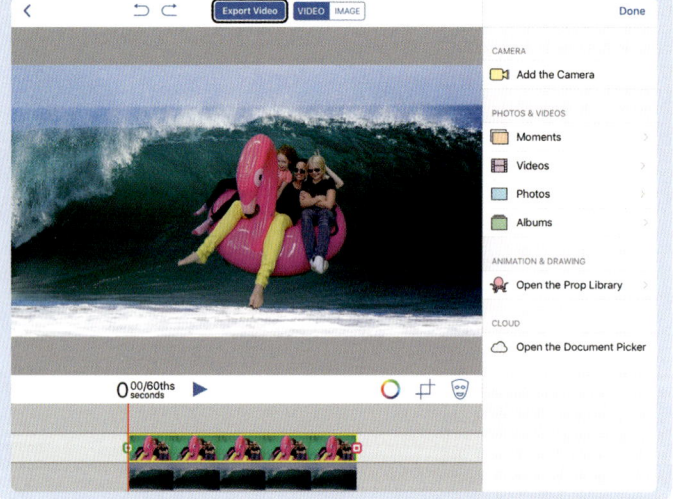

Mittels eines Farbreglers kann die Farbe, die ausgetauscht werden soll, angepasst und die eingefügten Bilder bzw. Videos können noch zugeschnitten werden.

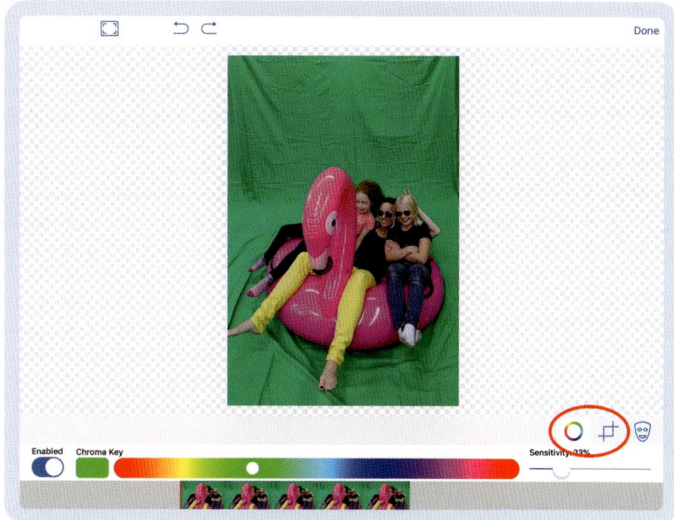

Zum Schluss wird das Bild oder das Video gespeichert.

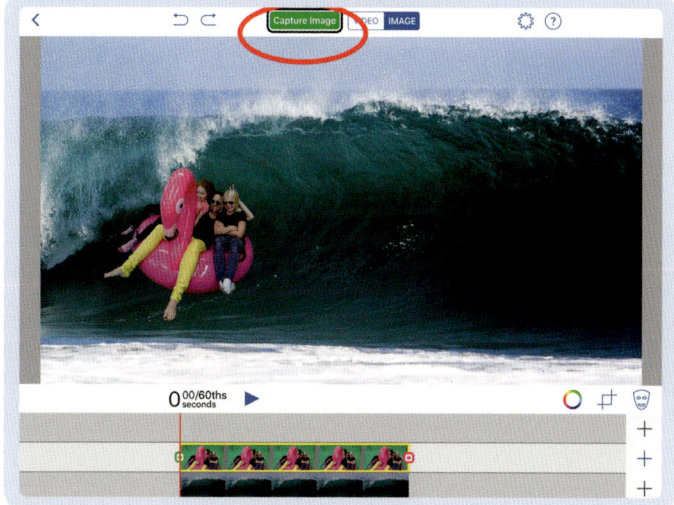

☞Tipp

- Kein seitliches Licht! Schatten bzw. unterschiedliche Helligkeit beim Hintergrund führt zu einem schlechteren Endergebnis.
- Das Tuch sollte möglichst faltenfrei sein, da Falten Schatten verursachen.
- Keine grüne Kleidung anziehen, da alle grüne Farbe auf den Fotos ausgetauscht wird.
- Ich kenne Schulen, die für Greenscreen-Aufnahmen eine Wand grün gestrichen haben. Das ist auch eine tolle Möglichkeit!

Unterrichtsbeispiele

Greenscreen-Fotos

Anhand der im Folgenden dargestellten Beispiele wird der Einsatz der Greenscreen-Technik in fächerübergreifenden Unterrichtseinheiten in den Fächern Kunst und Deutsch gezeigt. Dabei werden wichtige Kompetenzen, wie Kreativität, Lerninhalte neu und anders darzustellen und zu reflektieren, Arbeiten im Team und kritisches Denken geschult.

<u>Thema: Mein Traumurlaub</u>
Im Vorfeld der geplanten Sequenz bekommen die Kinder folgende Aufgabe: „*Wie würde dein Traumurlaub aussehen, wenn Zeit, Geld und Raum keine Rolle spielen?*"

Arbeitsschritte der Schüler:
- Die Schüler sammeln Ideen im Plenum. Die Ideen können an der Tafel festgehalten oder auch mündlich formuliert werden.
- Die Schüler bilden Gruppen oder arbeiten alternativ auch alleine.
- Die Schüler bringen bei Bedarf benötigte Accessoires (spezielle Kleidung, Sonnenbrille, Reiseführer, Schwimmtier ...) mit.
- Die Schüler fotografieren sich gegenseitig vor dem grünen Hintergrund. Dabei entscheiden sie selbst, ob sie alleine oder in der Gruppe „verreisen" wollen.
- Die Schüler suchen, z.B. mit der App Pixabay®, zu ihrem Traumurlaub passende Fotos für den neuen Hintergrund (siehe Kapitel *3.2 Recherchieren*).
- Die Schüler tauschen in der Greenscreen-App den Hintergrund aus.
- Die Schüler schreiben in Form eines Briefes / einer Postkarte oder eines Tagebucheintrags über ihre Erlebnisse im Traumurlaub.

Die Bilder bieten einen hervorragenden Schreibanlass für die Kinder, bei dem sie ihrer Fantasie freien Lauf lassen können. Sie haben sich vor dem Schreiben intensiv mit dem Thema beschäftigt und sich in die Szene hineingefühlt. Vielen Kindern fällt es schwer, ihre Gedanken und Vorstellungen in Worte zu fassen. Durch die Kombination mit einem aussagekräftigen Bild erhalten aber auch diese Schüler die Möglichkeit, ihre Ideen ansprechend auszudrücken.

Thema: Schwindelgeschichten

Normalerweise darf man nicht lügen. Aber am 1. April sind kleine Schwindeleien erlaubt. Deshalb lautet die Aufgabe: *„Denke dir eine Schwindelgeschichte aus."*

Arbeitsschritte der Schüler:

- Die Schüler sammeln Ideen in Plenum.
- Die Schüler bilden Gruppen oder arbeiten alternativ auch alleine.
- Die Schüler bringen bei Bedarf benötigte Accessoires mit.
- Die Schüler fotografieren sich gegenseitig vor dem grünen Hintergrund. Dabei entscheiden sie selbst, ob sie alleine oder in der Gruppe „schwindeln" wollen.
- Die Schüler suchen mit der App Pixabay® zu ihrer Schwindelgeschichte passende Fotos für den neuen Hintergrund (siehe Kapitel *3.2 Recherchieren*).
- Die Schüler tauschen in der Greenscreen-App den Hintergrund aus.

Auch hier bieten die Bilder einen hervorragenden Schreibanlass. Die Schüler können in Form einer Erlebnis- oder Fantasieerzählung ihr Erlebnis, das auf dem Bild gezeigt wird, beschreiben. Alternativ (oder zusätzlich) können die Bilder zur Erstellung von Fake News (= in manipulativer Absicht verbreitete Falschmeldungen) verwendet werden (siehe auch Kapitel *3.4 Fake News*).

Greenscreen-Video

Anhand der im Folgenden dargestellten Unterrichtseinheiten wird der Einsatz der Greenscreen-Technik in fächerübergreifenden Unterrichtseinheiten in den Fächern Deutsch, Kunst und/oder Sachunterricht aufgezeigt.

Thema: Weihnachten in anderen Ländern

In der Vorweihnachtszeit lese ich den Kindern gerne das Buch „Unglaubliche Weihnachten: 24 Rätselreisen um die Welt" von Remus Berbig[21] vor. In dieser Geschichte geht es um den Weihnachtsmann, der seine Aufzeichnungen über die verschiedenen Länder verloren hat. Deshalb reist Helge Rentier als Weihnachtsreporter um die Welt und berichtet den Engeln in der Weihnachtsmannzentrale von den Weihnachtsbräuchen in den unterschiedlichen Ländern. Da Helge viel Fantasie hat und es mit der Wahrheit nicht immer so genau nimmt, müssen die Schüler am Ende jedes Kapitels einschätzen, ob die beschriebenen Weihnachtsbräuche wahr oder erfunden sind. In Anlehnung an das Buch übernehmen die Schüler in dieser Gruppenarbeit die Rolle von Helge Rentier, recherchieren nach Weihnachtsbräuchen eines selbst gewählten Landes und überlegen sich eine Reportage. Diese kann komplett wahr sein oder erfundene Elemente beinhalten. Anschließend verteilen die Kinder die Rollen, üben die Reportage, filmen sich vor dem grünen Hintergrund und ersetzen diesen durch ein passendes Bild.

---

[21] Berbig, Remus. Unglaubliche Weihnachten: 24 Rätselreisen um die Welt. 6. Aufl. München: dtv 2018.

Arbeitsschritte der Schüler:
- Die Schüler entscheiden sich für ein Land.
- Die Schüler recherchieren Weihnachtsbräuche zu diesem Land.
- Die Schüler schreiben ihre Reportage. Dabei ist es ihnen freigestellt, ob geflunkerte Elemente eingebaut werden oder nicht.
- Die Schüler verteilen die Rollen Helge Rentier, Engel in der Weihnachtsmannzentrale und Kameramann und üben die Reportage.
- Die Schüler filmen sich gegenseitig vor dem Greenscreen.
- Die Schüler suchen z.B. mit der App Pixabay® passende Fotos für den neuen Hintergrund ihrer Reportage.
- Die Schüler tauschen in der Greenscreen-App den Hintergrund aus.

Thema: Mein Lieblingsbuch

In Form von Referaten stellen die Schüler ihr Lieblingsbuch den Mitschülern vor. Die Präsentation soll als Bericht direkt von einem Schauplatz der Geschichte stattfinden. Neben den typischen Vorbereitungen für ein Referat, wie das Zusammenstellen der wichtigsten Informationen über das Buch, haben die Kinder zusätzlich die Aufgabe, einen Schuhkarton passend zum Buch zu gestalten. Das heißt, sie gestalten mit unterschiedlichsten Materialien im Schuhkarton eine typische Szene oder einen Schauplatz aus dem Buch nach.

Arbeitsschritte der Schüler:
- Die Schüler entscheiden sich für ein Buch.
- Die Schüler erstellen ihr Referat.
- Die Schüler gestalten im Schuhkarton eine Szene aus dem Buch.
- Die Schüler tragen ihr Referat vor dem Greenscreen vor und werden dabei von einem Mitschüler oder der Lehrkraft gefilmt.
- Die Schüler fotografieren ihren Schuhkarton.
- In der Greenscreen-App wird das Foto des Schuhkartons als Hintergrund für das Video des Referats verwendet.

Auf diese Weise entsteht der Eindruck, dass die Kinder direkt von einem Schauplatz der Geschichte über das Buch berichten.

Weitere Unterrichtsbeispiele
- Thema Fasching: Dieses Thema eignet sich gut als Einstieg in die Greenscreen-Technik. Wenn die Kinder zur Faschingsfeier verkleidet in die Schule kommen dürfen, fotografieren sie sich und suchen passend zu ihrer Verkleidung einen Hintergrund.
- Weihnachtskarte gestalten: Die Schüler erstellen Bilder von sich vor winterlichem oder weihnachtlichem Hintergrund und gestalten anschließend in der App Book Creator® mit dem Bild eine Weihnachtskarte.
- Erklärvideos/Präsentationen: Ein Referat kann vor dem Greenscreen aufgenommen werden.

- Ein Bild vertonen: Ein mit der Greenscreen-Technik erstelltes Bild kann vertont werden, indem man ein Video erstellt, auf dem nur der grüne Hintergrund gefilmt und dazu gesprochen wird. Fügt man dieses Video auf der dritten Spur ein, verschwindet der grüne Hintergrund, die Sprache ist zu hören.
- Stop-Motion-Filme (siehe Kapitel *3.6 Stop-Motion*) können vor grünem Hintergrund gefilmt und anschließend bearbeitet werden.
- Es müssen nicht immer reale Personen gefilmt oder fotografiert werden. Auch Puppenspiele/Stabfiguren/Lego®-Figuren etc. sind möglich.

Fazit

Auf den ersten Blick wirkt Greenscreen vielleicht nur wie eine nette (kreative) Spielerei für zwischendurch. Und der Aufwand dafür scheint vielleicht nicht gerechtfertigt. Dem möchte ich widersprechen. Durch dieses spielerische und kreative Erproben von verschiedenen Gestaltungsmöglichkeiten erhalten die Kinder Einblicke in die Möglichkeiten von Bildbearbeitung. Sie erfahren und probieren selbst aus, dass durch diese Technik Bilder und Filme erstellt werden können, die in Wirklichkeit so nie möglich wären. Dabei trainieren sie, Mediengestaltung zu verstehen und zu bewerten, und bauen so ihre Medienkompetenz aus. Außerdem wird das kritische Denken ganz automatisch geschult. Unterrichtseinheiten, in denen mit erhobenem Zeigefinger darauf hingewiesen wird, dass die Schüler nicht alles glauben dürfen, was sie im Internet sehen, werden dadurch nahezu überflüssig, da die Kinder selbst erfahren, wie sie mit einfachsten Mitteln ihre Bilder bearbeiten können.

3.4 Fake News

Klassenstufen: ab Klasse 3
Fächer: Deutsch, Kunst

Kompetenzbereiche KMK:
- 3. Produzieren und Präsentieren
  – 3.1 Entwickeln und Produzieren
  – 3.2 Weiterverarbeiten und Integrieren
  – 3.3 Rechtliche Vorgaben beachten
- 6. Analysieren und Reflektieren
  – 6.1 Medien analysieren und bewerten
  – 6.2 Medien in der digitalen Welt verstehen und reflektieren

Was sind Fake News?

Fake News setzt sich aus den zwei Begriffen „Fake" (engl. für „gefälscht") und „News" (engl. für „Nachrichten") zusammen. Es sind manipulativ verbreitete, vorgetäuschte Nachrichten, die mit reißerischen Schlagzeilen, gefälschten Bildern und Behauptungen Falschmeldungen vor allem im Internet und in sozialen Netzwerken verbreiten. Dabei sollen Fake News den Eindruck erwecken, dass es sich um echte Nachrichten handelt. Fake News müssen nicht komplett frei erfunden sein. Manchmal haben Fake News auch einen wahren Ursprung, es wird zur ursprünglichen Nachricht aber etwas dazuerfunden, sodass sie eine neue Bedeutung erhält. Oft wird auch ein falscher Bezug zwischen echtem Foto oder Text und einer reißerischen Überschrift hergestellt.

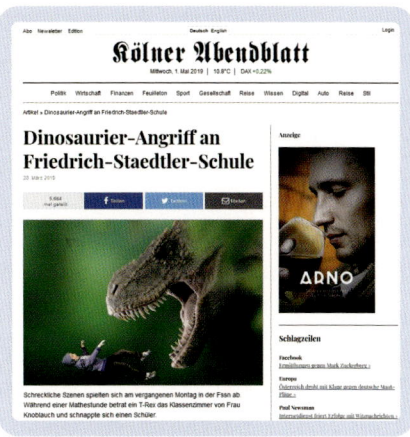

Fake News werden aus unterschiedlichen Gründen in Umlauf gebracht:
- Mit Fake News kann man Vorurteile oder Ängste schüren.
- Es ist möglich, Einzelpersonen oder Personengruppen immensen Schaden zuzufügen.
- Durch Fake News können politische Meinungen beeinflusst werden und somit Menschen manipuliert werden.
- Mit reißerischen Aufmachungen von Fake News lockt man Leser an. Wenn ein Medium viele Leser hat, investieren Firmen in Werbeanzeigen und so können auch finanzielle Interessen mit Fake News verfolgt werden.

Fake News zu erkennen, ist (auch für Erwachsene) nicht einfach. Vier Schritte helfen dabei:
- genau hinsehen
- selbst nachdenken
- kritisch lesen
- Quellen prüfen

Mehr Informationen zum Umgang mit Fake News findet man z.B. auf klicksafe.de[22], einer EU-Initiative für mehr Sicherheit im Netz.

---

[22] https://www.klicksafe.de/themen/problematische-inhalte/fake-news (aufgerufen am 06.08.2019)

Fake News im Unterricht

Wie schon im Kapitel *3.2 Recherchieren* erwähnt, kann von Grundschulkindern keine tiefergehende Bewertung einer gefundenen Information oder eine Kontrolle der Quelle auf Glaubwürdigkeit erwartet werden. Primär sind Grundschulkinder erst einmal froh, überhaupt passende Treffer zu ihrer Suche zu finden.

Zumindest ein Bewusstsein dafür, dass nicht jede Information, die im Netz verfügbar ist, wahr und glaubwürdig sein muss, kann und sollte aber durchaus schon bei Grundschulkindern geweckt und gefördert werden. Um dies zu erreichen, ist es unerlässlich, das Thema passend in den Schulunterricht zu integrieren.

Im vorherigen Kapitel *3.3 Greenscreen* wurde gezeigt, wie Kinder mit einfachen Mitteln selbst Bilder „fälschen" können. Mit diesen Bildern kann man aber noch einen Schritt weiter gehen und täuschend echte Fake News erstellen.

So geht's

Es gibt verschiedene Internetseiten, auf denen Fake News generiert werden können. Ich nutze in meiner Klasse die Seite paulnewsman.com[23]. Mithilfe dieses Webdienstes können schon Grundschulkinder mit geringem Aufwand Artikel in einem authentischen Layout im Stil einer deutschen Onlinezeitung mit realer URL, Werbebannern und Sharing-Bar, also der Zeile mit den verschiedenen Social-Media-Buttons zum Teilen des Beitrags, erstellen.

 *Tipp*

Weitere Webseiten, um gefälschte Nachrichten zu erstellen:
- 24aktuelles.com[24] → Erstellen von Fake News
- clonezone.link/editclone[25] → Klonen von Webseiten (englischsprachige Webseite)
- fakewhats.com/generator[26] → Erstellung gefälschter WhatsApp-Chats (englischsprachige Webseite)
- breakyourownnews.com[27] → Erstellen von Fake News (englischsprachige Webseite, App für Android® erhältlich)

Auf der Homepage gibt es zwei Möglichkeiten: Als Gast (ohne Registrierung) kann man Artikel schreiben, die allerdings nur 24 Stunden online bleiben und höchstens zehnmal gelesen werden können. Wenn man sich kostenlos als Nutzer auf der Homepage regis-

---

[23] https://paulnewsman.com (aufgerufen am 02.09.2019).
[24] http://www.24aktuelles.com (aufgerufen am 24.09.2019)
[25] http://clonezone.link/editclone (aufgerufen am 24.09.2019)
[26] https://www.fakewhats.com/generator (aufgerufen am 24.09.2019)
[27] https://breakyourownnews.com (aufgerufen am 24.09.2019)

triert, bleiben die Artikel dauerhaft online und können vom Inhaber des Accounts bearbeitet oder selbst wieder gelöscht werden. Damit nicht jedes Kind einen eigenen Account braucht, stelle ich den Kindern meinen Account, bei dem ich vorübergehend das Passwort auf 123456 ändere, zur Verfügung.

Die Kinder scannen also den QR-Code, loggen sich ein und klicken danach auf „Artikel schreiben". Anschließend wählen die Schüler aus verschiedenen Zeitungstypen. Es stehen zur Auswahl: Kölner Abendblatt (Tageszeitung), Blitz Kurier (Boulevardzeitung), Britta (Frauenmagazin) und Grätsche (Sportzeitung). Dann tragen sie die Überschrift sowie den Artikeltext ein und laden ein Foto hoch.

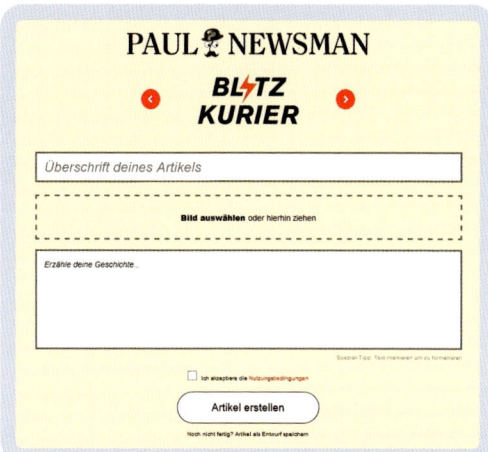 

Nach Akzeptieren der Nutzungsbedingungen kann der Artikel veröffentlicht werden.

 *Tipp*

> Vorher unbedingt bei den Eltern die Genehmigung einholen lassen, dass die Kinder dort Foto und Text veröffentlichen dürfen. Alternativ kann auch ein passendes Bild bei Pixabay® gesucht werden. Ich kläre außerdem, ob der Artikel ausgedruckt und danach wieder gelöscht werden soll oder ob er online bleiben darf. Dann können die Eltern den Link zum Artikel erhalten und ihn sich online ansehen und teilen.

Unterrichtsbeispiele

Selbst zur Fake News werden

In dieser fächerübergreifenden Unterrichtseinheit wird das Thema „Fake News" in den Fächern Deutsch und Kunst bearbeitet. Dabei werden vor allem die Kompetenzen Kreativität, kritisches Denken und das Verfassen von informierenden Texten gefördert. Die Kompetenzen kritisches Denken sowie Analysieren und Reflektieren werden hier ganz besonders geschult, da die Kinder selbst ausprobieren können, wie leicht jede beliebige Meldung scheinbar seriös im Internet veröffentlicht und verbreitet werden kann.

Thema: Schwindelgeschichten zum 1. April

Der anstehende 1. April bietet Anlass für das Verfassen von Schwindelgeschichten. Die Aufgabe lautet also: *„Denke dir eine Schwindelgeschichte aus."*

Die Schüler überlegen sich ein Thema und erstellen mithilfe der Greenscreen-Technik ein passendes Bild für ihre Fake News (siehe Kapitel *3.3 Greenscreen*). Um ein Gespür für die Art und Weise zu bekommen, wie Schlagzeilen formuliert sind, bietet es sich an, gemeinsam mit den Kindern verschiedene Zeitschriften durchzublättern und Schlagzeilen zu lesen. Die Schüler stellen dabei schnell fest, dass die Schlagzeilen neugierig machen und Emotionen wecken sollen, ohne zu viel zu verraten. Anschließend formulieren die Schüler ihre Schlagzeile und einen Nachrichtentext. Das Schreiben des Textes kann alleine oder auch zusammen mit einem Partner geschehen. Nach Überarbeitung der Texte durch die Schüler anhand von Verbesserungsvorschlägen des Lehrers, werden sie zusammen mit den Fotos bei paulnewsman.com[28] veröffentlicht.

Wenn sich die Schüler zum Schluss gegenseitig ihre Schwindelgeschichten via Beamer zeigen, kommt das Gespräch dann ganz automatisch auf die Tatsache, wie einfach solche Schwindeleien professionell aussehend veröffentlicht werden können. Es wird ein Bewusstsein dafür geweckt, dass nicht alle veröffentlichten Nachrichten auch glaubhaft sind.

Weitere Unterrichtsbeispiele

Schuljahresrückblick einmal anders

Gegen Ende des Schuljahres erinnert man sich oft zurück. Für diese Unterrichtsidee schreiben die Kinder im Stil von Zeitungsmeldungen Artikel über Erlebnisse des vergangenen Schuljahres. Dabei können sie entscheiden, ob sie wahrheitsgetreu berichten oder Teile des Berichts erfinden. Andere Schüler, Lehrer oder Eltern können anschließend versuchen herauszufinden, welche Meldungen erfunden sind.

---

[28] https://paulnewsman.com (aufgerufen am 02.09.2019).

© AOL-Verlag

<u>Wahr oder falsch?</u>
Damit die Lernenden trainieren, Falschmeldungen von glaubhaften Informationen zu unterscheiden, erhalten die Kinder verschiedene Texte. Durch Internetrecherche überprüfen die Kinder die Informationen auf Glaubwürdigkeit. Dabei geht es primär darum herauszufinden, ob die Informationen aus dem jeweiligen Text durch eine Recherche im Internet verifiziert werden können, ob diese Informationen also auffindbar sind.

Fazit

Ich versuche, im Unterricht Möglichkeiten zu schaffen, damit die Schüler durch ihr eigenes Handeln erleben, wie „die Welt funktioniert". Sonst bleiben theoretische Hinweise, Ratschläge und Warnungen sehr abstrakt. Es macht einen Unterschied, ob den Kindern jemand sagt, dass im Internet oft Falschmeldungen verbreitet werden, oder ob sie selbst erfahren haben, dass sie als Grundschüler solche Meldungen veröffentlichen können.
Natürlich haben die Schüler nun noch nicht gelernt, wie Fake News von „echten" Nachrichten im Detail unterschieden werden können. Das wäre Thema von weiteren Unterrichtseinheiten und würde in der Grundschule vielleicht zu weit führen. Aber es wurden Augen geöffnet, Gespräche zu Hause wurden dadurch angekurbelt und eine Basis geschaffen, um sich auch später mit dem Thema auseinanderzusetzen.

Tipps für die Zusammenarbeit mit Eltern

Ganz generell ist es sinnvoll, die Eltern ins Boot zu holen. Bei diesem Thema ist das besonders wichtig, denn die digitalen Medien sind ein wichtiger Bestandteil des Alltags von Kindern und Eltern. Wenn die Eltern keinen sinnvollen und kritischen Umgang mit digitalen Medien und digitalen Informationen vorleben, wie sollen die Kinder es dann lernen?
In einem ersten Schritt sollte die Lehrkraft die Eltern über das Schulprojekt informieren. Gleichzeitig gibt man einige Anregungen, welche Möglichkeiten es gibt, Meldungen auf ihre Echtheit zu überprüfen. Portale, die sich mit der Aufdeckung von Fake News beschäftigen, sind z. B.:
- www.mimikama.at[29]
- tagesschau.de/faktenfinder[30]
- uebermedien.de[31]

---

[29] https://www.mimikama.at (aufgerufen am 24.09.2019)
[30] https://www.tagesschau.de/faktenfinder (aufgerufen am 24.09.2019)
[31] https://uebermedien.de (aufgerufen am 24.09.2019)

Möchte man den Ursprung bzw. die Quelle von Bildern ermitteln, um zu überprüfen ob sie echt sind, dann kann man per URL oder durch das Hochladen der Bilder auf folgenden Seiten nach ihnen suchen:

- tineye.com[32] (englischsprachige Webseite)
- google.com/imghp?hl=en[33]

Eine Möglichkeit, um sich intensiver mit Fake News auseinanderzusetzen, ist die kostenlose App „Fake News Check" für iOS® und Android®. Die App stellt 19 Fragen, anhand derer man eine Meldung überprüfen kann.

Wenn man mehr Hintergrundinformationen zu einer Frage erhalten möchte, kann man einfach auf „Karte umdrehen" klicken. Zum Schluss erhält man eine Einschätzung in Form einer Ampel, wie hoch die Wahrscheinlichkeit ist, dass es sich um eine seriöse journalistische Meldung handelt.

3.5 Book Creator®

Klassenstufen: alle
Fächer: alle

Kompetenzbereiche KMK:
- 2. Kommunizieren und Kooperieren
  - 2.3 Zusammenarbeiten
- 3. Produzieren und Präsentieren
  - 3.1 Entwickeln und Produzieren
  - 3.2 Weiterverarbeiten und Integrieren
  - 3.3 Rechtliche Vorgaben beachten

---

[32] https://www.tineye.com (aufgerufen am 24.09.2019)
[33] https://www.google.com/imghp?hl=en (aufgerufen am 24.09.2019)

Was ist Book Creator®?

Mit Book Creator® können interaktive E-Books mit verschiedenen multimedialen Inhalten wie Texten, Videos, Bilder und Tonaufnahmen erstellt werden, um so z. B. digitale Portfolios, Präsentationen oder Geschichten zu verfassen. Diese E-Books können dann auf andere Geräte oder Lernplattformen exportiert werden. Durch die sehr intuitive Bedienung ist die App schon in den ersten Grundschulklassen problemlos einsetzbar.

Folgende Funktionen bietet Book Creator®:

- In Textfeldern können Texte geschrieben und auf der Seite platziert werden. Schriftgröße, -farbe und -art lassen sich verändern.
- Mit dem Stiftsymbol kann freihändig gemalt und geschrieben werden. Seit Kurzem gibt es eine Autodraw-Funktion, bei der Freihandzeichnungen erkannt und durch optimierte Bilder ersetzt werden können.
- Bilder und Videos können eingefügt werden.
- In der App können Tonaufnahmen gemacht und in das Dokument integriert werden.
- Tippt man mit dem Finger ein Element an, erscheinen Ziehpunkte. Mit diesen kann das Element bearbeitet werden.
- Verschiedene Layouts und Hintergründe stehen zur Verfügung, unter anderem auch ein Comic-Layout.
- Es gibt die Möglichkeit, sich fertiggestellte Bücher von der App vorlesen zu lassen.
- Die Bücher lassen sich im ePUB-Format, als PDF-Datei oder als Video exportieren.

So geht's

Book Creator® kann für iOS® Geräte als App heruntergeladen werden. Alternativ kann unter Windows® im Chrome®-Browser auf bookcreator. com[34] gearbeitet werden.

Nach dem Öffnen der App wird die Bibliothek, also die bisher erstellten Bücher, angezeigt. Mithilfe des Plussymbols wird ein neues Buch geöffnet.

---

[34] https://bookcreator.com (aufgerufen am 02.09.2019)

Zuerst entscheidet man sich für ein Format. Achtung: Ein einmal gewähltes Format kann im Nachhinein nicht mehr geändert werden!

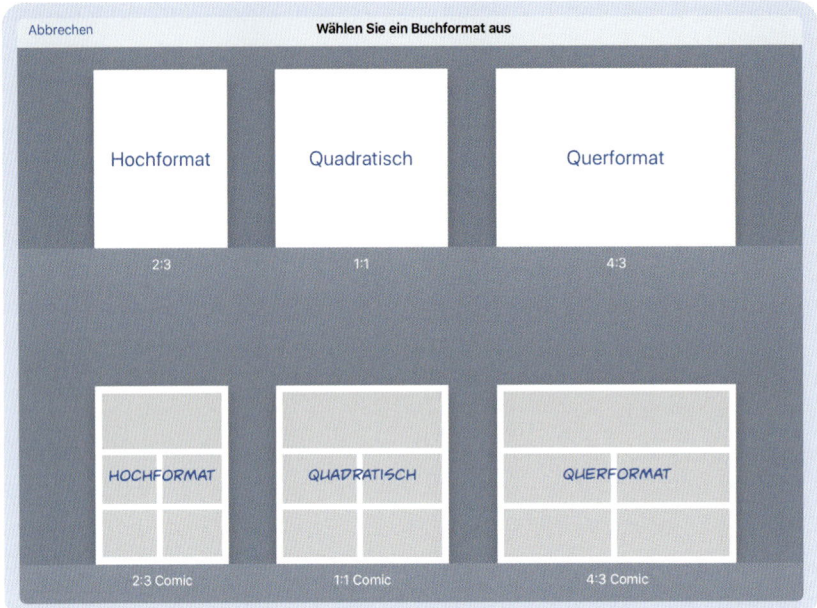

+-Symbol

Nun können das Deckblatt und die einzelnen Seiten gestaltet werden. Die Gestaltung wird über die zwei Symbole + und i gesteuert: Durch Klicken des Plussymbols gelangt man in das Menü **Element hinzufügen**. Das Menü zeigt untereinander die Elemente (Foto, Video, Text, Audioaufnahme, Freihandzeichnungen, Formen, Dateien, Links), die in das Buch eingefügt werden können.

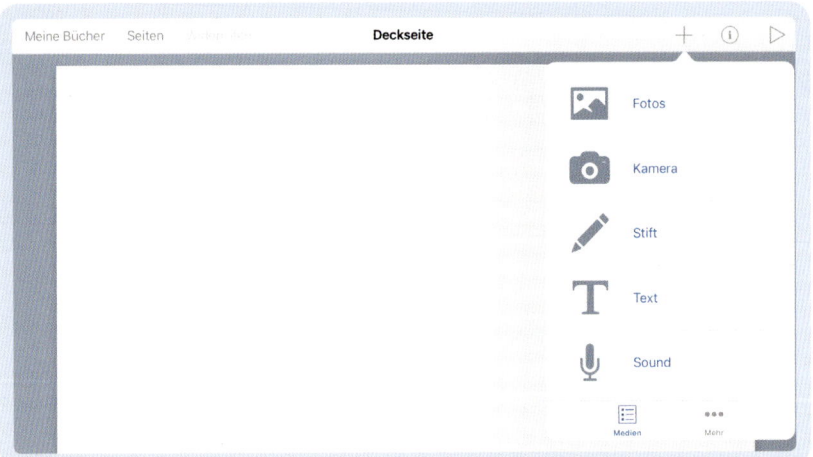

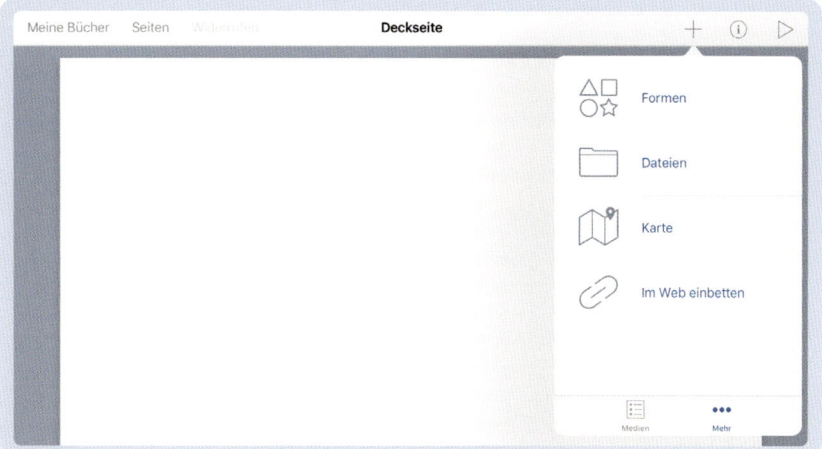

i-Symbol

Eingefügte Elemente können bearbeitet oder gelöscht werden. Dafür müssen sie ange-klickt sein (das erkennt man am blauen Rand um das Element). Durch einen Klick auf das i-Symbol werden dann die verschiedenen Formatierungsmöglichkeiten angezeigt. Bei einem Text kann nun Schriftart, -größe und -farbe geändert werden. Als Nutzer kann man Fotos so in den Vorder- oder Hintergrund bringen. Außerdem hat man die Mög-lichkeit, Elemente auf diese Art und Weise zu löschen. Wenn kein Element markiert ist, kann man durch einen Klick auf das i-Symbol die Hintergrundfarbe der Seite ändern.

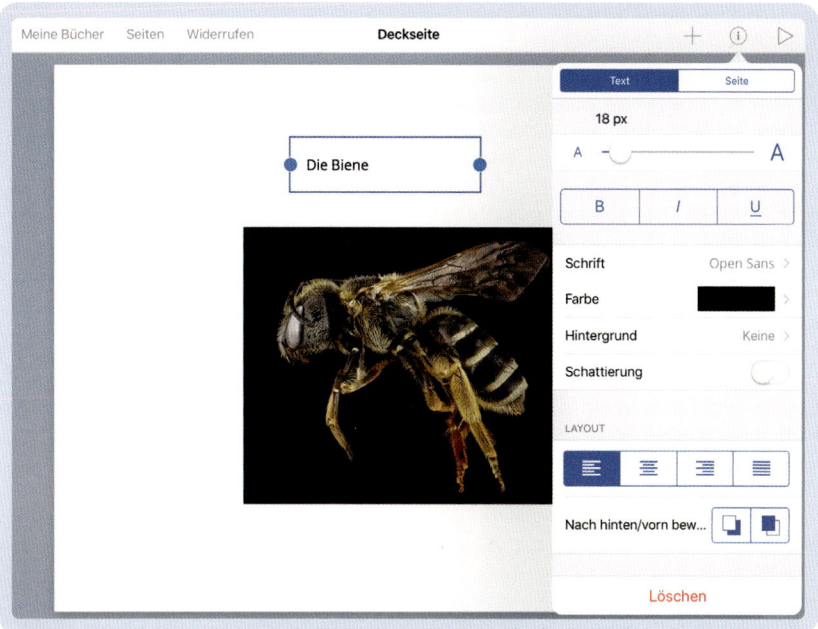

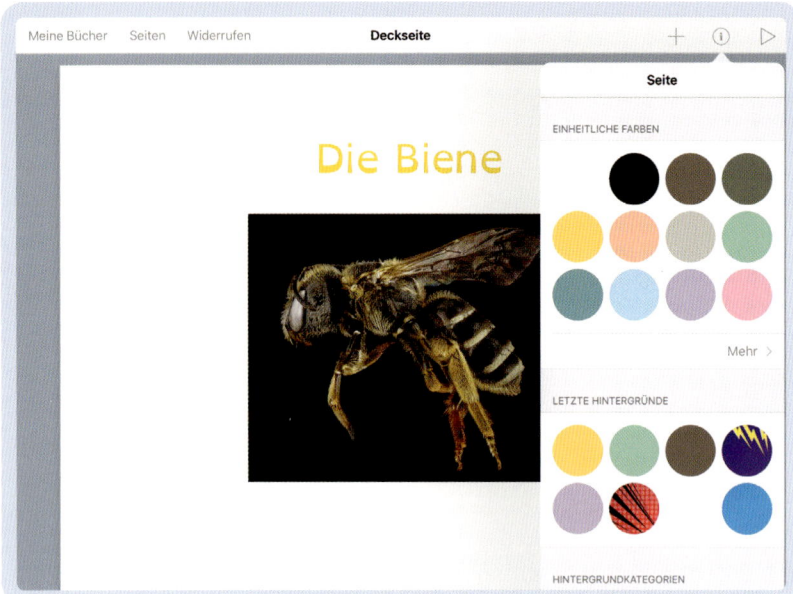

Auf die nächste Seite des Buches gelangt man durch einen Klick auf den Pfeil am Seitenrand.

Exportieren

Das Buch ist automatisch in der Bibliothek gespeichert. Von dort aus kann es auch exportiert werden.

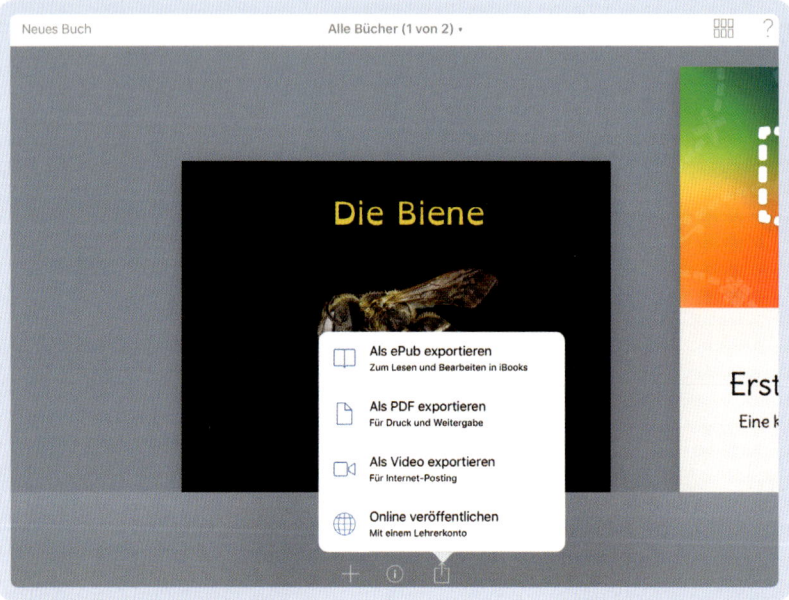

Unterrichtsbeispiele

Durch die intuitive Bedienung und die flexiblen Gestaltungsmöglichkeiten ergeben sich vielfältige Einsatzideen für Book Creator® in allen Klassenstufen und Unterrichtsfächern. Dabei können ganz unterschiedliche Ziele verfolgt und erreicht werden: die Präsentation von Ergebnissen und Informationen, kreative Gestaltung von Inhalten, Erstellung individueller Lernportfolios und vieles mehr. Multimediale Bücher können allein oder in der Gruppe erstellt werden.

Individuelles Lernportfolio mit Book Creator®

Mit Book Creator® können die Kinder ihre Arbeitsergebnisse und ihren Lernfortschritt in individuellen Lernportfolios dokumentieren.

Buchstabenbuch

Schon in der ersten Klasse können Kinder mit Book Creator® erste Lernportfolios erstellen. Immer wenn Schüler einen neuen Buchstaben lernen, kann eine Seite mit Book Creator® erstellt werden. Der Buchstabe wird mit der Stiftfunktion geschrieben, Fotos von Gegenständen, die mit dem Buchstaben beginnen, werden eingefügt und das Wort wird dazu eingesprochen. Je nach Vermögen können die Schüler die Wörter auch schon verschriftlichen.

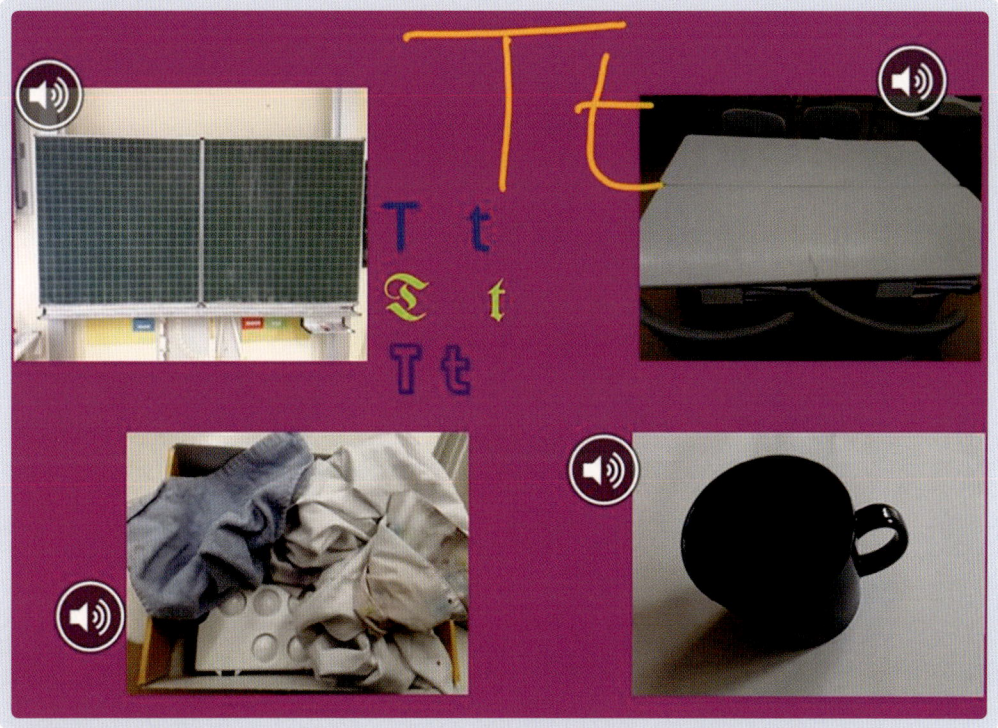

Zahlenbuch

Analog zum Buchstabenbuch kann auch zu jeder neuen Zahl, die in der ersten Klasse gelernt wird, eine Seite erstellt werden.

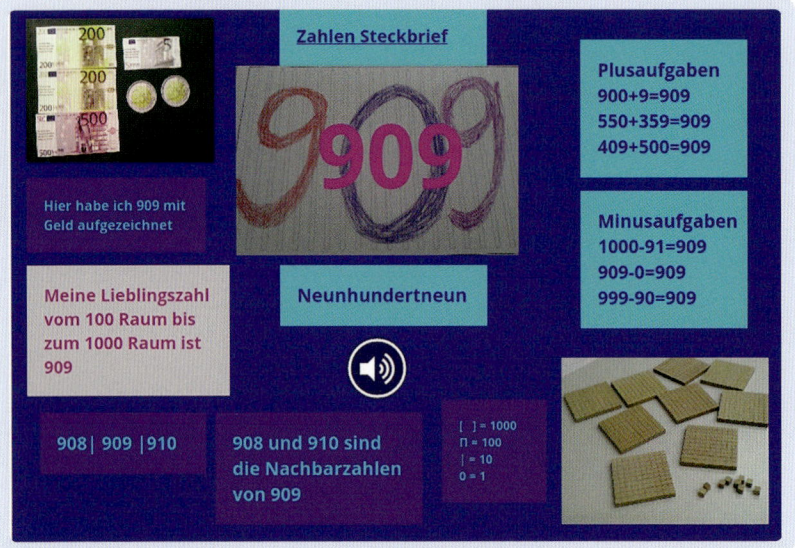

Auch in höheren Klassen können die Schüler zur Zahlraumerweiterung z.B. eine Seite mit ihrer Lieblingszahl aus dem neuen Zahlenraum gestalten. Sie legen die Zahl mit Geld oder Legematerial und fügen ein Foto davon bei Book Creator® ein. Weitere Möglichkeiten zur Gestaltung sind, dass die Schüler die Zahl aufschreiben, einsprechen und erste Rechenaufgaben finden.

Englisches Wörterbuch

Im Fach Englisch gestalten die Kinder für jedes Thema, das im Unterricht behandelt wurde, eine Seite mit Book Creator®. Sie fügen für jedes neue Wort ein Bild ein. Entweder fotografieren sie es selbst oder suchen ein geeignetes bei Pixabay®, wie im Kapitel *3.2 Recherchieren* beschrieben. Dazu schreiben sie das Wort und sprechen es ein. Dadurch werden die Kinder in die Lage versetzt, ihre Aussprache selbst anzuhören und gegebenenfalls zu korrigieren. Natürlich können auch Seiten mit Wörtern, die nicht im Unterricht durchgenommen wurden, ergänzt werden. Das können z. B. Wörter zu Themen sein, die die Kinder besonders interessieren und die sie deshalb im Wörterbuch suchen. Im Laufe des Schuljahres erstellen die Schüler auf diese Weise ihr persönliches Wörterbuch, in dem sie die bereits gelernten Wörter nachschlagen und die Aussprache anhören können.

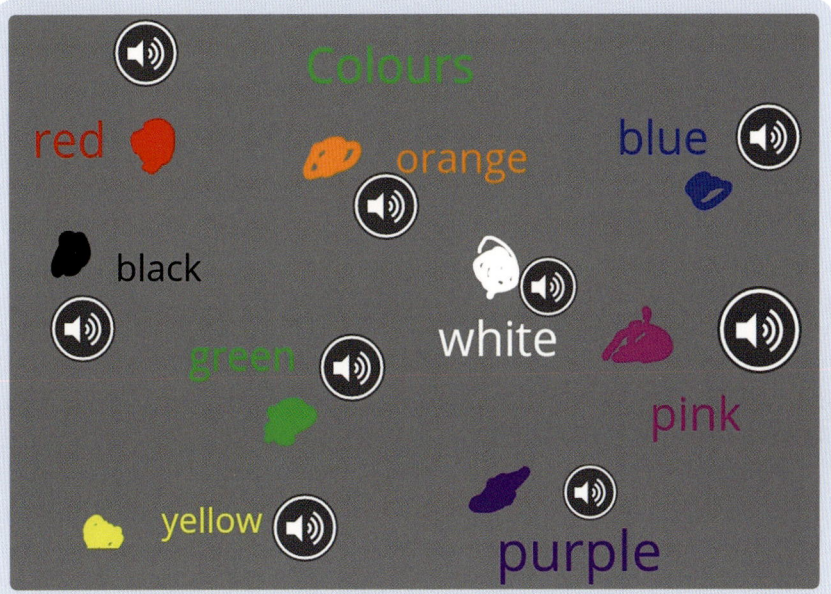

Tipp

Kombination mit der App Leo®
Die App Leo kann wie ein Wörterbuch genutzt werden. Die Kinder können unbekannte Wörter nachschlagen und sich die Aussprache der Wörter anhören. Diese Funktionen kann man auch auf der Website nutzen. Unter leo.org/englisch-deutsch[35] finden Sie nähere Informationen dazu.

---

[35] https://www.leo.org/englisch-deutsch (aufgerufen am 24.09.2019)

Deutsch als Zweitsprache

Analog zum englischen Wörterbuch können Kinder mit nicht deutscher Muttersprache ihr persönliches Wörterbuch erstellen. Wörter, die den Kindern wichtig sind oder die ihnen im Laufe des Tages oder der Woche begegnet sind, werden fotografiert, aufgeschrieben und zweimal eingesprochen: einmal in der Muttersprache, einmal auf Deutsch.

Besonders schön ist es, wenn sie dieses Buch gemeinsam mit einem deutschen Kind als Unterstützung erstellen können.

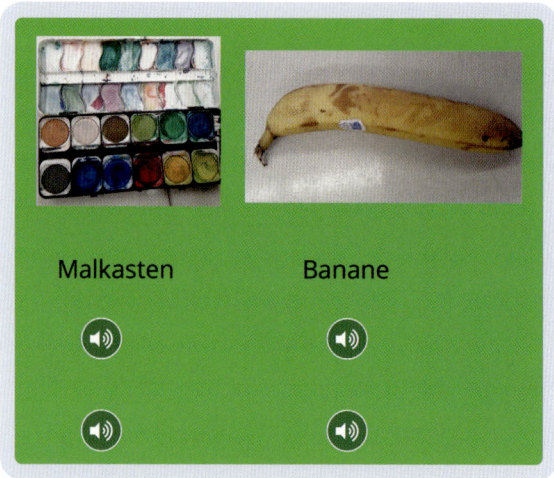

Präsentieren mit Book Creator®

Das Präsentieren von (recherchierten) Informationen ist eine wichtige Schlüsselkompetenz. Book Creator® kann wie andere Präsentationsprogramme zur Erstellung von Präsentationen genutzt werden. Der entscheidende Vorteil ist, dass zwar alle Funktionen, die für eine gelungene Präsentation benötigt werden, vorhanden sind, durch die intuitive Bedienbarkeit aber gleichzeitig das Hauptaugenmerk auf die Inhalte der Präsentation gelegt werden kann. So verlieren die Schüler nicht zu viele kognitive Ressourcen für die Bedienung des Programms.

Um eine digitale Präsentation zu erstellen, recherchieren die Kinder im Internet und in Büchern zum Thema und entscheiden, welche der gefundenen Informationen sie ihren Mitschülern präsentieren wollen. Sie müssen sich für eine sinnvolle Reihenfolge entscheiden und erstellen die Seiten für ihre Präsentation. Dabei können sie sowohl alleine als auch im Team oder in der Gruppe arbeiten.

Besonders spannend werden die Präsentationen, wenn das Thema recht offen ist. So gab es in meiner dritten Klasse zum Thema „Silvester" völlig unterschiedliche und interessante Präsentationen. Wir sahen Präsentationen zum Ursprung von Silvester und der Herkunft des Namens „Silvester", eine Gruppe beschäftigte sich mit dem Feuerwerk und beschrieb, wie eine Silvesterrakete funktioniert. Eine andere Gruppe fand bei der Recherche die Information, dass man in Italien an Silvester rote Unterwäsche trägt, suchte dann noch nach weiteren Bräuchen in verschiedenen Ländern und zeigte dazu eine Präsentation. Nach jeder Präsentation gibt es in der Klasse eine Feedbackrunde. Zuerst werden die Dinge genannt, die besonders gut gelungen sind. Anschließend können die Klassenkameraden Verbesserungsvorschläge geben. Das können inhaltliche Tipps sein (Hat eine Information gefehlt? War die Präsentation an einer Stelle unverständlich?) und Tipps zur Gestaltung der Book-Creator®-Seiten. Dabei geben sich die Schüler gegenseitig erstaunlich gute Tipps. Gerade bei den ersten Präsentationen sind die Seiten natürlich nicht perfekt.

Typische Fehler zu Beginn sind:
- Seite zu voll (zu viele Bilder / zu viel Text)
- Nur ein kleines Bild in einer Ecke und sonst ist die Seite leer
- Zu viele verschieden Schriftarten auf einer Seite
- Farbkontrast zwischen Hintergrund und Schrift ist unpassend.

Durch die gegenseitigen Rückmeldungen bekommen die Schüler ein immer besseres Gespür für die Gestaltung einer Präsentation. Außerdem haben sie großen Spaß daran, die selbst gefundenen Informationen den Klassenkameraden vorzustellen.
Für Recherche und Präsentationen eignen sich Themen des Sachunterrichts immer gut. Weitere Ideen für Präsentationsthemen sind z.B.:

- Berufe
- Lieblingsbücher
- Berühmte Personen
- Weihnachten in anderen Ländern
- Hobbys der Kinder
- Lieblingstiere

Gestalten mit Book Creator®

Mit Book Creator® können die Kinder auch auf eine neue Art und Weise gestalterisch tätig werden und kreativ sein.

Elfchen

Hier handelt es sich um eine ganz einfach umzusetzende Gestaltungsidee für die Fächer Deutsch und Kunst. Im Fach Deutsch schreiben die Kinder ein Jahreszeiten-Elfchen. Anschließend fotografieren sie auf dem Schulgelände ein passendes Bild oder suchen alternativ ein Bild bei Pixabay® (siehe Kapitel *3.2 Recherchieren*). Anschließend gestalten sie eine Seite in Book Creator®. Wenn man die Schüler bei der anschließenden Präsentation dann erklären lässt, welche kreativen Überlegungen sie sich bei der Gestaltung gemacht haben, ist das immer wieder spannend zu hören. In diesem Beispiel hat sich der Schüler überlegt, dass die Schriftfarbe passend zur Farbe der Herbstblätter gewählt wurde und bei der Auswahl der Schriftart an Wind gedacht wurde, der die Buchstaben ins Bild weht.

Das Gedicht „Das große kecke Zeitungsblatt" von Josef Guggenmos

Gedichte können in Book Creator® multimedial gestaltet und dargestellt werden. Am Beispiel des Gedichts „Das große kecke Zeitungsblatt" von Guggenmos[36] soll hier exemplarisch das Vorgehen fächerübergreifend für Deutsch, Kunst und Musik beschrieben werden.

---

[36] aus: Josef Guggenmos, Oh, Verzeihung, sagte die Ameise © 1990, 2018 Beltz & Gelberg in der Verlagsgruppe Beltz – Weinheim Basel.

Nach der Auseinandersetzung mit dem Gedicht im Deutschunterricht überlegen sich die Kinder, wie sie die einzelnen Strophen darstellen können. Jede Strophe soll auf einer Seite gestaltet werden. Sie malen Hintergründe und basteln ein oder mehrere Zeitungs-blätter. Anschließend fotografieren sie den Hintergrund mit aufgelegtem Zeitungsblatt. Im Book Creator® fügen sie das Foto ein. Für den Text der Strophe gibt es verschiedene Möglichkeiten: Er kann auf die Seite getippt und oder mit der Audiofunktion eingespro-chen werden. Mit zur Verfügung gestellten Instrumenten kann dann der Inhalt der Stro-phe auch noch vertont werden.

Comic zu einer Fabel erstellen
Die Fabel „Die beiden Frösche" nach Aesop[37] wird von den Schülern als Comic gestaltet. Dazu malen sie, analog wie bei der Gedichtgestaltung, Hintergründe, basteln Frösche, die sie auf die Hintergründe legen und fotografieren. Optional vertonen sie den Comic, indem sie entweder die Fabel einsprechen oder Gespräche zwischen den Tieren aufneh-men.

---

[37] Watzke, Oswald. Fabeln in Stundenbildern 3/4. Augsburg: Auer Verlag 2018. Seite 25.

<u>Dokumentation</u>

Auch zur Dokumentation von Vorgängen, wie z. B. Vorgangsbeschreibungen oder Abläufen, kann Book Creator® hervorragend eingesetzt werden. Als Vorgangsbeschreibung wird in der Schule häufig ein Rezept geschrieben. Zuerst wird das Gericht selbst zubereitet und anschließend schreiben die Schüler die Vorgangsbeschreibung. Mit Book Creator® kann das Rezept direkt durch selbst erstellte Fotos ergänzt werden.

Fazit

Mit Book Creator® haben die Schüler ein unglaublich effektives und variables Tool zur Hand, das von ihnen vielseitig, kreativ und individuell genutzt werden kann und gleichzeitig durch einfache Bedienung besticht.

 *Tipp*

Anstatt mit einem leeren Buch zu starten, kann man den Kindern auch vorbereitete Bücher zu Verfügung stellen, an denen die Schüler dann weiterarbeiten. Stefanie Maurer stellt in ihrem Moodletreff einige Vorlagen zur Verfügung[38]:

---

[38] https://www.moodletreff.de/course/view.php?id=424 (aufgerufen am 02.09.2019)

3.6 Stop-Motion-Film

Klassenstufen: ab Klasse 2
Fächer: alle

Kompetenzbereiche KMK:
- 3. Produzieren und Präsentieren
  - 3.1 Entwickeln und Produzieren
  - 3.2 Weiterverarbeiten und Integrieren
  - 3.3 Rechtliche Vorgaben beachten

Was ist ein Stop-Motion-Film?

Stop-Motion-Filme funktionieren nach demselben Prinzip wie ein Daumenkino: Eine Illusion von Bewegung wird durch das schnelle Aneinanderreihen von Einzelbildern erzeugt. Bei einem Stop-Motion-Film werden also viele einzelne Fotos gemacht, auf denen sich die Position einer Figur oder eines Objekts jeweils um ein kleines Stück verändert. Anschließend werden diese Einzelaufnahmen zu einem Film zusammengefügt, also schnell hintereinander abgespielt. So entsteht der Eindruck, dass sich die (eigentlich unbewegten) Objekte im Film bewegen. Stop-Motion-Filme wirken umso flüssiger, je mehr Bilder pro Sekunde aneinandergereiht werden. Bekannte Beispiele für Stop-Motion-Filme sind „Shaun das Schaf", „Wallace & Gromit" oder „Das Sandmännchen". Bevor Computeranimationen in Filmen eingesetzt wurden, kam die Stop-Motion-Technik auch zur Animation in bekannten Kinofilmen wie „Terminator" (1984) oder „Godzilla" (1954) zum Einsatz.

Benötigtes Material

Mit einem Tablet und einer App können die einzelnen Bilder mit der integrierten Kamera aufgenommen und dann als Film zusammengesetzt werden.

Objekte, die animiert werden, können z. B. sein:
- Figuren aus Knete
- Playmobil®- oder Lego®-Figuren
- Ausgeschnittene Figuren (Legetechnik)
- Reale Objekte
- Reale Personen

Kulisse/Hintergrund:
- Wenn von der Seite fotografiert wird, benötigt man eine passende Kulisse.
- Bei der Legetechnik wird von oben fotografiert und die Objekte werden auf dem Hintergrundbild liegend bewegt.
- Auch die Tafel, an der magnetische Figuren verschoben werden können oder auf der geschrieben oder gezeichnet wird, kann als Hintergrund dienen.

Sonstiges Material:
- **Stativ/Halterung** für das Tablet, um ein Verwackeln zu vermeiden. (Ist kein Stativ vorhanden, kann das Tablet auch zwischen zwei Stühle gelegt werden und z.B. eine Halterung aus Duplo®-Steinen gebaut werden.)
- Optional: **Auslöser** zum Fotografieren. (Auch das verhindert ein Verwackeln, da das Tablet dann nicht berührt werden muss, um ein Foto zu machen.)
- **Beleuchtung**: Um ein Flackern im Film durch wechselnde Lichtverhältnisse zu vermeiden, sollte der Raum abgedunkelt und die Szene gut ausgeleuchtet werden. (Wir verwenden z.B. Schreibtischlampen.)
- Eventuell können **Instrumente** zum Vertonen des Films eingesetzt werden.

Tipp

- Stativ / feste Kameraposition nutzen, um ein Verwackeln der Bilder zu verhindern
- Gleichmäßige Beleuchtung einsetzen, da sonst im Film ein Flackern entsteht
- Nicht zu große Veränderungen der Objekte zwischen den einzelnen Aufnahmen stellen, damit der Film „flüssig" abläuft
- Je mehr Bilder pro Sekunde gemacht werden, umso „flüssiger" läuft der Film ab (5–8 Bilder pro Sekunde sind ein guter Einstiegswert).
- Vor dem Fotografieren sollten die Schüler einen Plan / ein Drehbuch erstellen.
- Zu Beginn sollte man etwas experimentieren, um ein Gefühl für die Bewegungsgeschwindigkeit zu bekommen. Also ausprobieren, ansehen und neu probieren.

So geht's

Anhand der App „Stop Motion Studio®"[39] soll hier exemplarisch die Erstellung eines Stop-Motion-Films gezeigt werden. Nach dem Öffnen der „Stop Motion Studio®"-App gelangt man in ein Fenster, in der die bisher erstellten Filme zu sehen sind. Ein Klick auf das Plussymbol startet ein neues Projekt. Nun sollte das Tablet (auf einem Stativ) so befestigt werden, dass der passende Ausschnitt im Kamerafeld liegt. Durch einen Klick auf den roten Auslöseknopf (1) wird ein Bild erstellt. Anschließend verrückt man ein oder mehrere Objekte ein kleines Stück und macht dann das nächste Foto. Über das Uhr-

---

[39] Die Screenshots in diesem Kapitel wurden mit der Version 9.2.1 der App „Stop Motion Studio®" aufgenommen.

symbol (2) kann auch eingestellt werden, in welchem zeitlichen Abstand automatisch ein Bild erstellt wird. Das kann die Arbeit erleichtern, kann aber auch zu Stress führen, wenn die Hände nicht schnell genug aus dem Bild verschwinden. Um die Objekte besser positionieren zu können, kann eine Hilfe eingestellt werden: Links im Bild befindet sich ein Schieberegler (3). Wird dieser aktiviert, so sieht man das zuletzt aufgenommene Bild durchschimmern und kann sich daran bei der Neupositionierung der Objekte orientieren. Durch Klicken auf das Wiedergabesymbol (4) wird der bisher erstellte Film abgespielt.

Über das Zahnradsymbol können verschiedene Einstellungen verändert werden, die den gesamten Film betreffen:

1. Verändern der Abspielgeschwindigkeit (5–8 Bilder pro Sekunde sind ein guter Einstiegswert)
2. Ein- und Ausblenden des ersten und letzten Bildes
3. Format/Bildgröße
4. Vordergrund
5. Schwarz-Weiß oder farbig

Durch langes Drücken eines Bildes können Veränderungen vorgenommen werden. Einige weitere Funktionen sind nur durch Upgrade auf die kostenpflichtige Pro-Version möglich und werden hier nicht näher erläutert. Die folgenden Veränderungen sind möglich und betreffen nur das jeweilige Bild:

1. Bild einfügen
2. Bild kopieren
3. Pause einfügen
4. Bild löschen

Wenn alle Fotos erstellt sind und die passende Abspielgeschwindigkeit ausgewählt wurde, kann der Film noch vertont werden. Dazu klickt man auf das Mikrofonsymbol und den Button „Aufnahme". Der Film läuft ab und man kann parallel dazu sprechen, Instrumente spielen etc. Ein externes Mikrofon ist dazu nicht nötig, die meisten Tablets haben eingebaute Mikrofone. Allerdings würde ein externes Mikrofon natürlich die

Qualität der Aufnahme noch erhöhen. Mit dem Button „Abspielen" kann man das Ergebnis ansehen und anhören. Ist man noch nicht zufrieden, kann eine neue Aufnahme durch Klick auf „Aufnahme" gestartet werden. Soll das Ergebnis so gespeichert werden, klickt man auf „Fertig".

Speichern und/oder exportieren kann man den Film durch Klick auf das Pfeilsymbol und anschließend auf das Hochladesymbol.

Unterrichtsbeispiele

Die Erstellung eines Stop-Motion-Filmes ist erfahrungsgemäß ein Projekt, das etwas Zeit in Anspruch nimmt. Dennoch kann es ein lohnendes Unterfangen sein, da kognitive Prozesse und Kompetenzen auf ungewohnte Art angeregt und gefördert werden. Mit solchen Filmen lassen sich verschiedenste Inhalte veranschaulichen:

- (Eigene) Geschichten / Gedichte können als Stop-Motion-Film gestaltet werden.
- Stop-Motion-Filme können helfen, das Erzählen von Geschichten zu üben.
- Lerninhalte können so zusammengefasst werden.
- Vorgänge können veranschaulicht werden.

Thema: Verfilmung des Gedichts „Der Zauberer Korinthe" von James Krüss (Klasse 3)
Anhand der im Folgenden dargestellten Unterrichtseinheit wird der Einsatz der Stop-Motion-Technik in fächerübergreifenden Unterrichtseinheiten in den Fächern Kunst, Deutsch und Musik gezeigt. Dabei werden wichtigste Kompetenzen, wie Kreativität, Lerninhalte neu und anders darzustellen und zu reflektieren und das Arbeiten im Team, geschult.
Die Schüler beschäftigen sich im Deutschunterricht mit dem Gedicht „Der Zauberer Korinthe" von James Krüss. In dem Gedicht von 1959 geht es um einen Zauberer, der in einem Tintenfass wohnt und Korinthe heißt. Er hat sich auf Briefe spezialisiert. Wenn jemand mit der Tinte aus seinem Fass einen Brief zu Papier bringt, steht dort beim Empfänger stets das Gegenteil von dem, was er geschrieben hat:

„Wenn jemand damit Briefe schrieb / Und schmi und schma und schmollte, / Dann schrieb er etwas anderes / Als was er schreiben wollte."[40]

In meiner Klasse wollten die Kinder zwei Strophen, die ihnen nicht gefielen, durch eigene Strophen ersetzen. Also sammelten wir Ideen, suchten Reimwörter und dichteten zwei Strophen neu.

Arbeitsschritte der Schüler:
- Die Schüler entscheiden sich, an welchen Strophen sie arbeiten wollen.
- Die Schüler entwickeln in der Gruppe Ideen, wie der Inhalt der Strophe im Film dargestellt werden könnte.
- Die Schüler stellen ihrem Lehrer die Ideen vor und gemeinsam werden diese dann auf Durchführbarkeit überprüft.
- Die Schüler erstellen eine Liste mit benötigten Materialien (Hintergründe, Personen und sonstige Requisiten).
- Die Schüler erstellen die benötigten Materialien. Sie malen und basteln, suchen Bilder im Internet.
- Anschließend fotografieren die Schüler die Szene.
- Die Schüler fertigen die Tonaufnahmen an, indem sie ihre Strophen vorlesen und Intro und Abspann mit Instrumenten vertonen.
- Dann fügen die Schüler die Bilder und Tonaufnahmen zu den fertigen Strophen zusammen.
- Im letzten Schritt werden alle Strophen zum fertigen Film zusammengefügt.

Bei diesem Unterrichtsprojekt wurden die Fotos mit einem Smartphone gemacht. Um den Film zusammenzufügen, wurde die kostenlose Testversion des PC-Programms „Corel Video Studio X10®" verwendet. Der Grund hierfür war, dass unsere damaligen Tablets eine schlechte Kamera und zu wenig Speicher für dieses Unterfangen hatten.
Bei diesem Film handelt es sich um das Abschlussprojekt einer meiner dritten Klassen. Die Erstellung des Films war sehr zeitaufwendig. Durch die Verbindung mit den Fächern Kunst und Musik konnte der Prozess zeitlich etwas entlastet werden. Außerdem liefen viele der Vorbereitungen auch zwischendurch in freien Zeiten oder zu Hause ab. Das Fotografieren der Strophen braucht etwas Zeit. Währenddessen arbeiteten die anderen Schüler manchmal einfach im Arbeitsheft oder an einer anderen Aufgabe. Auf diese Weise lässt sich auch ein zeitintensives Projekt in den Unterrichtsalltag integrieren.
Der Zeitaufwand ist für solch ein Projekt ab und zu aber durchaus gerechtfertigt, da bei den Schülern bei der Projektarbeit neben den fachlichen Kompetenzen, wie der Erschließung von Inhalt und Aufbau des Gedichts, und der Methodenkompetenz hinsichtlich der einzelnen Arbeitsschritte solch einer Filmproduktion auch viele andere Kompetenzen

---

[40] James Krüss: Der Zauberer Korinthe. Aus: James Krüss: Der Zauberer Korinthe und andere Gedichte. Hamburg: Verlag Friedrich Oetinger 1982. Seite 26.

gestärkt werden: Die Schüler planen in einer Gruppe alle Szenen, Figuren, Hintergründe und Einstellungen für den Film. Dabei trainieren sie soziale Kompetenzen, wie Teamfähigkeit, Kommunikation, das Lösen von Problemen, Reflexionsfähigkeit und Kooperation in der Gruppe.

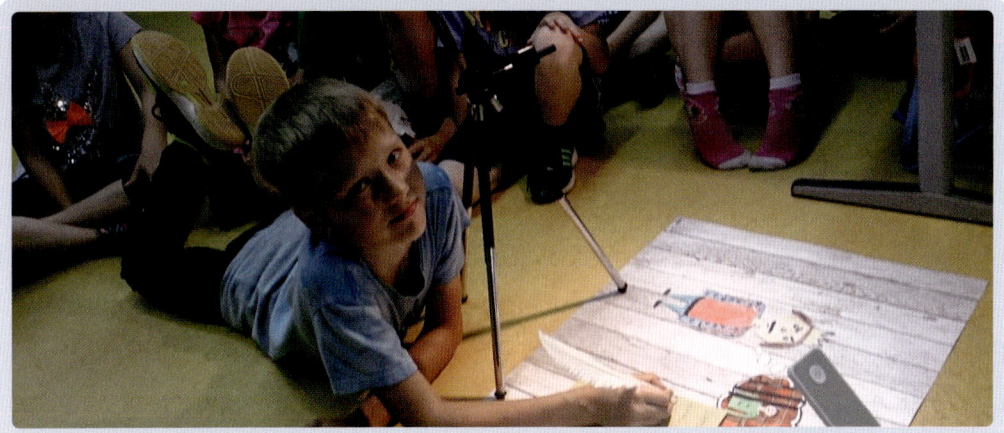

Thema: Film „Das interessiert mich" (Vorschule)
Anhand der im Folgenden dargestellten Unterrichtseinheit wird der Einsatz der Stop-Motion-Technik in fächerübergreifenden Unterrichtseinheiten in den Fächern Kunst und Deutsch gezeigt. Dabei werden Kompetenzen, wie Kreativität sowie Planung und Durchführung einer Präsentation, geschult.

Die Aufgabe ist, ein Thema nach Wahl als Kurzfilm darzustellen. Dafür testen die Kinder zuerst im Plenum mit der Lehrkraft, wie die Stop-Motion-Technik funktioniert, sammeln Ideen und können sich hier auch gegenseitig Tipps und Vorschläge für die Umsetzung geben.

Arbeitsschritte der Kinder:
- Die Kinder entscheiden sich individuell für ein Thema (im gezeigten Beispiel für das Thema „Dinosaurier").
- Die Schüler planen, welches Material sie benötigen.
- Die Schüler fotografieren die Szene und vertonen sie anschließend.

Das Beispiel zeigt, dass auch Vorschulkinder mit etwas Unterstützung digitale Medien kreativ und selbstbestimmt nutzen können.

Fazit

Die Erstellung von Stop-Motion-Filmen nimmt etwas Zeit in Anspruch. Als Projekt angelegt können die Schüler dabei aber viele Sach-, Methoden-, Sozial- und Selbstkompetenzen trainieren und dadurch auf vielen Ebenen profitieren. Mit Stop-Motion-Filmen können sowohl Geschichten als auch Vorgänge animiert und veranschaulicht werden.

Tipp

Ein Stop-Motion-Film kann auch vor einem grünen Hintergrund aufgenommen werden, der anschließend in der Greenscreen-App durch einen beliebigen anderen Hintergrund ausgetauscht wird (siehe Kapitel *3.3 Greenscreen*).

3.7 Kooperatives und kollaboratives Arbeiten

Klassenstufen: ab Klasse 2
Fächer: Deutsch, Sachunterricht

Kompetenzbereiche KMK:
- 2. Kommunizieren und Kooperieren
  - 2.1 Interagieren
  - 2.2 Teilen
  - 2.3 Zusammenarbeiten
  - 2.4 Umgangsregeln kennen und einhalten
  - 2.5 An der Gesellschaft aktiv teilhaben
- 3. Produzieren und Präsentieren
  - 3.1 Entwickeln und Produzieren
  - 3.2 Weiterverarbeiten und Integrieren
  - 3.3 Rechtliche Vorgaben beachten

Allgemeine Einleitung

Unter Kooperation und Kollaboration versteht man die Zusammenarbeit zwischen einzelnen Personen oder Personengruppen, die gemeinsam an einer Aufgabe oder einem Inhalt arbeiten. Anders als bei reiner Kooperation, bei der jeder einen bestimmten Teil zum Gesamtergebnis beisteuert, arbeiten bei der Kollaboration die beteiligten Partner zusammen an allen verschiedenen Teilen des gemeinsamen Produkts.

Die Arbeit mit einem Partner oder in der Gruppe ist nun definitiv keine neue Idee im Grundschulunterricht. Durch den Einsatz digitaler Werkzeuge, kann die Idee der Kooperation bzw. der Kollaboration aber unterstützt, ausgebaut, verändert und auch erleichtert werden. Es ergeben sich dadurch ganz neue Möglichkeiten zur Zusammenarbeit und es wird nicht zuletzt auf eine Welt vorbereitet, in der diese Art der Zusammenarbeit längst gang und gäbe ist.

Wenn Schüler mit digitalen Werkzeugen etwas gemeinsam erstellen, kann das zeitgleich oder zeitversetzt passieren. Durch digitale Hilfsmittel kann auch zusammen an einem Dokument oder einer Mindmap gearbeitet werden, wenn sich die Arbeitspartner an unterschiedlichen Orten oder an unterschiedlichen Geräten befinden. Diese Unabhängigkeit von Zeit und Raum erweitert das Feld der Möglichkeiten ungemein.

Benötigte Ausstattung

Es gibt verschiedene Möglichkeiten, um kooperativ bzw. kollaborativ gemeinsam an einem Produkt zu arbeiten.

Etherpads

Ein Etherpad ist ein webbasiertes Textverarbeitungsprogramm, an dem mehrere Personen von unterschiedlichen Geräten aus gleichzeitig arbeiten können. Alle Änderungen sind in Echtzeit für alle sichtbar. Dabei können die Änderungen der verschiedenen Nutzer farblich unterschieden werden. Die Eingaben werden automatisch gespeichert und verschiedene Versionen des Dokuments können jederzeit über eine Timeline aufgerufen werden. Wie in einem konventionellen Textverarbeitungsprogramm kann die Schrift formatiert werden. Allerdings lassen sich keine Bilder einfügen.

Ein Beispiel für ein Etherpad ist das ZUMPad der Zentrale für Unterrichtsmedien im Internet e. V.[41] Um ein neues Pad zu erstellen, geht man auf die Seite zumpad.zum.de[42] und klickt auf „Neues Pad".

---

[41] https://www.zum.de/portal (aufgerufen am 24.09.2019)
[42] https://zumpad.zum.de (aufgerufen am 24.09.2019)

Das neue Pad öffnet sich. Der Infotext kann gelöscht und durch neuen Text ersetzt werden. Der Link zum Pad kann aus der Adresszeile kopiert und über einen QR-Code (siehe Kapitel *3.1 QR-Codes*) an alle Personen weitergegeben werden, die daran arbeiten sollen. Die Anzahl der Personen, die momentan auf das Dokument zugreifen, kann abgelesen werden. Jeder Person ist eine Farbe zugeordnet. ZUMPad ist anonym, man benötigt keinen Account. Nach einem halben Jahr ohne Zugriff wird eine Seite automatisch gelöscht.

Padlet

Bei Padlet handelt es sich um eine digitale, browserbasierte Pinnwand, an der Inhalte (ähnlich wie Notizzettel an einer analogen Pinnwand) gesammelt werden können. Auch hier können mehrere Personen von unterschiedlichen Geräten aus gleichzeitig arbeiten. Alternativ zur Arbeit im Browser gibt es für iOS® und Android® auch eine App, über die Padlets aufgerufen und bearbeitet werden können.

Um ein Padlet zu erstellen und zu speichern, braucht der Lehrer einen Account auf der Seite padlet.com[43]. Die ersten drei Padlets können kostenlos erstellt werden. Will man mehr digitale Pinnwände nutzen, ist ein Upgrade auf die kostenpflichtige Variante nötig. Die Schüler brauchen selbst keinen eigenen Account.

Nach dem Einloggen kann man ein neues Padlet erstellen. Dazu wählt man zuerst eine Darstellungsform (Art der Anordnung der digitalen Notizzettel an der Pinnwand) aus. Für das Beispiel in diesem Kapitel wird die Darstellungsform „Regal" gewählt.

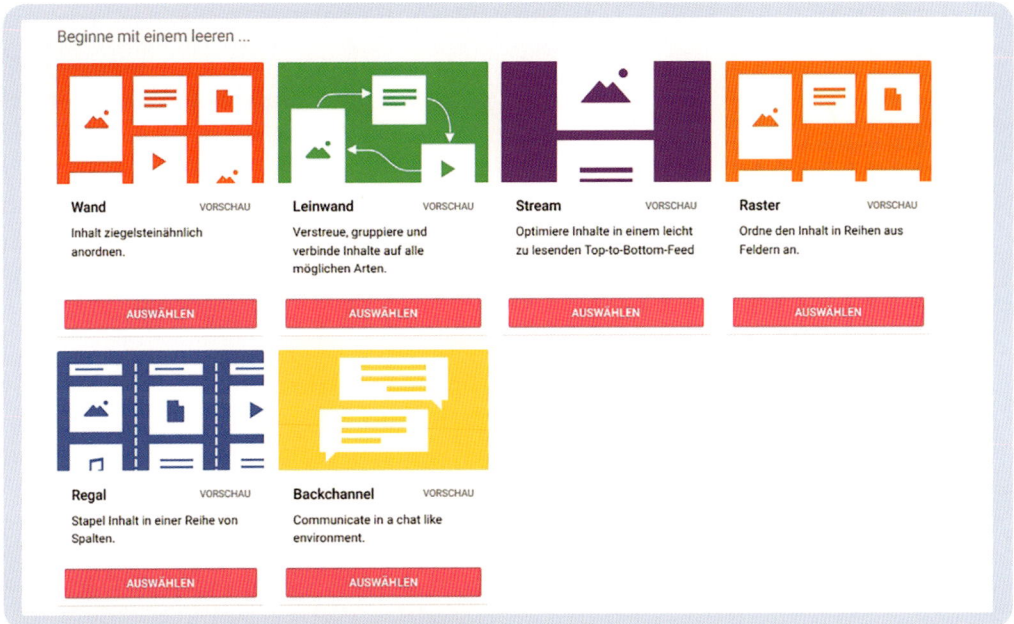

---

[43] https://padlet.com (aufgerufen am 02.09.2019)

Die leere digitale Pinnwand öffnet sich. Durch einen Klick auf das Zahnradsymbol oben rechts können der Titel des Padlets eingetragen sowie der Hintergrund gewählt werden. Oben rechts befindet sich auch ein Pfeil zum Teilen des Padlets: Ein Link oder der QR-Code zum Padlet können angezeigt werden.

Je nach Aufgabenstellung kann man den Kindern ein komplett leeres Padlet zur Bearbeitung zur Verfügung stellen oder schon einige Überschriften, Bilder oder Arbeitsaufträge vorher einfügen. Durch Klicken auf das Plussymbol werden neue Inhaltsfelder (digitale Notizzettel) an der Pinnwand gestartet. Diese können auch jederzeit wieder bearbeitet werden.

Im Bearbeitungsmodus können Inhalte wie Webseiten, Bilder, Audios, Videos oder Dokumente per Link eingefügt oder hochgeladen werden. Der Text kann formatiert werden, indem man ihn markiert.

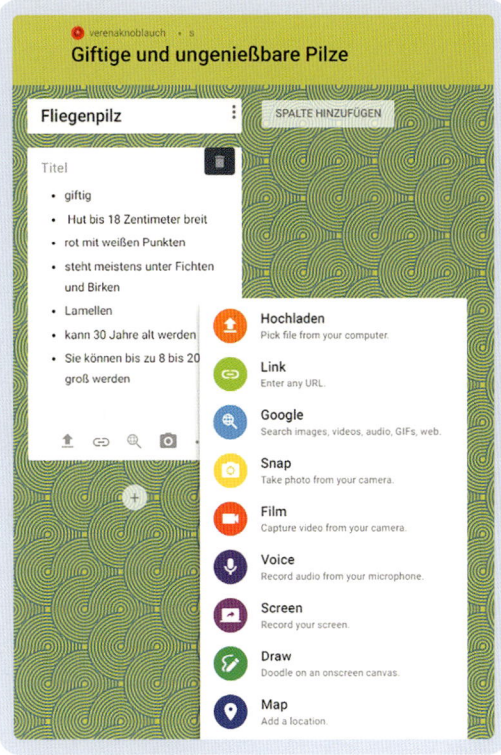

Unterrichtsbeispiele

Die Einsatzmöglichkeiten von Etherpad und Padlet im Unterricht sind vielfältig:
- Sammlung von Ideen, Vorwissen, Fragen, Argumenten
- Sammlung von Ergebnissen einer Recherche
- Festhalten von Gruppenarbeitsergebnissen
- Überarbeiten von Geschichten

Thema: Finde die Fehler (Etherpad)

In einem Etherpad bereitet der Lehrer zwei (oder mehr) identische Texte zu den aktuellen Lernwörtern mit Rechtschreibfehlern vor und stellt das Etherpad den Schülern per QR-Code zur Verfügung. Die Schüler sind in Gruppen aufgeteilt, jede Gruppe ist für einen Text verantwortlich. Auf ein Startsignal hin beginnen die Kinder, Fehler in ihrem Text zu suchen und zu verbessern. Ziel ist es, in der zur Verfügung stehenden Zeit möglichst alle Fehler zu finden und zu korrigieren.

Thema: Informationssammlung Pilze (Padlet)

Anhand des im Folgenden dargestellten Beispiels wird der Einsatz eines Padlets in einer fächerübergreifenden Unterrichtseinheit in den Fächern Deutsch und Sachunterricht zur Sammlung von Rechercheergebnissen gezeigt. Ziel der Einheit ist die Erstellung eines

Padlets mit gesammelten Informationen über verschiedene Pilze. Als Vorbereitung erstellt die Lehrkraft ein Padlet mit sechs Spalten für die sechs Pilze, zu denen die Schüler anschließend Informationen sammeln sollen. Das Foto zum Pilz kann entweder vom Lehrer oder auch von den Schülern bei Pixabay® (siehe Kapitel *3.2 Recherchieren*) gesucht und hochgeladen werden.

Arbeitsschritte der Schüler:
- Schüler arbeiten in Gruppen zusammen. Jeder Gruppe wird ein Pilz zugeordnet.
- Schüler recherchieren und suchen Informationen zu ihrem Pilz.
- Schüler tragen die gefundenen Informationen stichpunktartig in das Padlet ein.

Optional kann sich nach dieser ersten Rechercherunde eine zweite Runde anschließen. Dann werden die Pilze getauscht, das heißt, jede Gruppe bekommt nun einen anderen Pilz zugeordnet. Bei der erneuten Recherche überprüfen die Kinder zum einen die bereits von der anderen Gruppe zu ihrem neuen Pilz gesammelten Informationen und ergänzen zum anderen zusätzlich gefundene Ergebnisse.

Weitere Beispiele
- Fotos eines Ausflugs werden in ein Padlet geladen, die Schüler können dazu kurze Texte schreiben.
- Ergebnisse aus Kunst- oder Werkunterricht werden fotografiert und die Fotos in ein Padlet geladen. Dann können die Kinder ihr Werk beschreiben.

- Ein Padlet kann auch an einen externen Experten freigegeben werden, der dazu kommentieren kann.
- Klassengedicht: Jedes Kind dichtet eine Strophe, alle Strophen werden im Etherpad gesammelt.
- Fragesammlung für ein Kahoot!®-Quiz (siehe Kapitel *3.10 Kahoot!®*): Die Kinder sammeln Fragen und Antwortmöglichkeiten zu einem Thema aus dem Sachunterricht.
- Ideensammlung: In einem Etherpad oder mit einem Padlet können auch Ideen, Fragen oder Vorwissen gesammelt werden.

Fazit

Egal ob digital oder analog: Kooperative und kollaborative Lern- und Arbeitsformen sind fester Bestandteil im Grundschulunterricht. Etherpads oder digitale Pinnwände wie Padlet eröffnen ganz neue Möglichkeiten und Formen der Zusammenarbeit. Arbeitsergebnisse können von überall und zu jeder Zeit aufgerufen, angesehen und bearbeitet werden. Alle Beteiligten sind dabei sowohl Beobachter als auch Gestalter des Arbeitsprozesses.

 *Tipp*

Will man Padlets regelmäßig im Unterricht nutzen, kommt man kaum um die kostenpflichtige Variante herum. Eine kostenlose Alternative zu Padlet ist die Seite pinup. com[44].

3.8 Mentimeter®

Klassenstufen: alle
Fächer: alle

Kompetenzbereiche KMK:
- 2. Kommunizieren und Kooperieren
  - 2.1 Interagieren
  - 2.2 Teilen
  - 2.3 Zusammenarbeiten
  - 2.4 Umgangsregeln kennen und einhalten
  - 2.5 An der Gesellschaft aktiv teilhaben

---

[44] https://pinup.com/3b6vmXNhV (aufgerufen am 02.09.2019)

Was ist Mentimeter®?

Bei Mentimeter® handelt es sich um eine interaktive Präsentationssoftware. Anders als bei „normalen" Präsentationen können hier die Schüler (oder auch Kollegen bei der Konferenz oder Eltern beim Elternabend) mithilfe eines internetfähigen Geräts aktiv interagieren. Mit Mentimeter® kann man Meinungen, Stimmungen, Vorwissen und Tendenzen interaktiv abfragen und das Ergebnis direkt live präsentieren. Beim Präsentieren der Mentimeter®-Folie werden die Webseite und ein Zahlencode angezeigt. Damit können sich alle Teilnehmer einloggen und dann aktiv teilnehmen.

Mentimeter® bietet eine große Auswahl an möglichen Aktivitäten. Für den Einsatz in verschiedenen Unterrichtsphasen interessante Interaktionsmöglichkeiten sind:

- **Multiple Choice:** Eine Frage wird präsentiert, mehrere Antwortmöglichkeiten stehen zur Auswahl und eine favorisierte Option kann ausgewählt werden.
- **Image Choice:** Ein Bild oder eine Frage wird präsentiert, mehrere Antwortmöglichkeiten/Bilder stehen zur Auswahl und eine favorisierte Option kann ausgewählt werden.

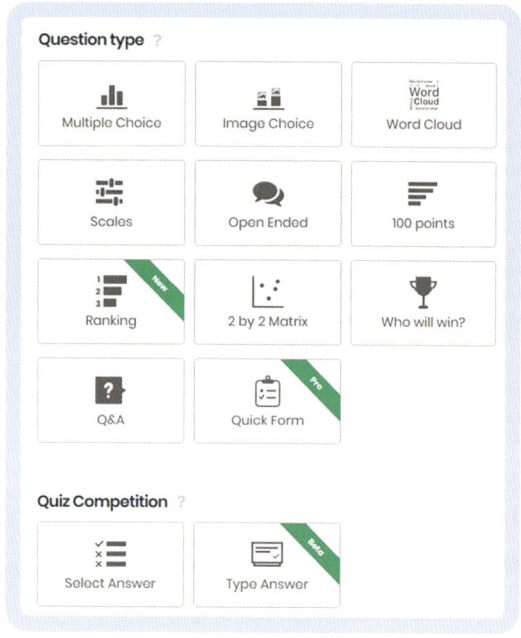

- **Word Cloud:** Eine Frage wird präsentiert und Stichworte können frei assoziiert werden. Die Antworten werden in einer Wortwolke angeordnet. Je häufiger ein Wort eingegeben wird, desto größer erscheint es in der Auswertung.
- **Open Ended:** Eine Frage wird präsentiert, es kann frei geantwortet werden. Die Antworten werden wie auf einer Pinnwand „angepinnt" angezeigt.

Benötigte Ausstattung

Der Lehrer benötigt auf der Seite mentimeter.com[45] einen Account, die Teilnehmer brauchen keinen Account und bleiben (bis auf die mobile IP-Adresse) anonym. In der Basisversion ist die Nutzung von Mentimeter® kostenlos. Dann gibt es zwar eine Beschränkung von zwei Fragen pro Präsentation, diese Version reicht für den Einsatz im Unterricht aber völlig aus. Mit einem Tablet mit Internetzugang können sich die Schüler interaktiv beteiligen.

---

45 https://www.mentimeter.com (aufgerufen am 02.09.2019).

So geht's

Auf der Homepage von Mentimeter[46] können vom Lehrer interaktive Präsentationen erstellt und im eigenen Account gespeichert werden. Nach dem Einloggen gelangt man durch einen Klick auf „My presentations" zu den bereits erstellten Präsentationen. Hier kann über den Button „New presentation" auch eine neue Präsentation erstellt werden:

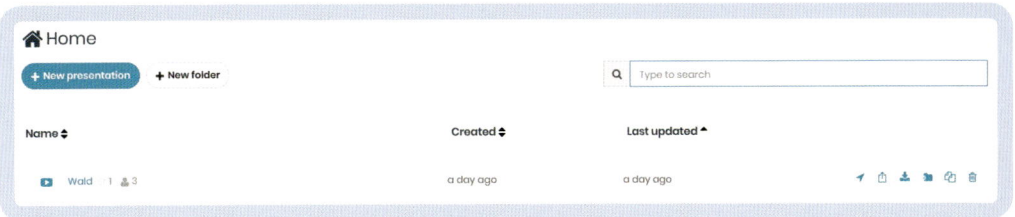

Nach Eingabe des Titels der Präsentation (in diesem Fall „Magnetismus") öffnet sich die leere Präsentation und ein „slide type". Darüber kann die Art der Interaktion ausgewählt werden. In diesem Beispiel soll eine Wortwolke für ein gemeinsames Brainstorming erstellt werden. Der Typ „Word Cloud" wird also ausgewählt.

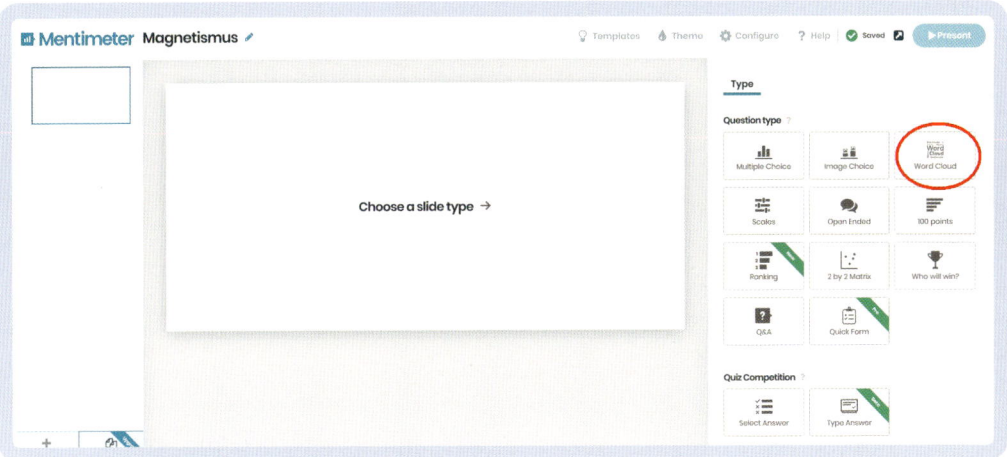

---

[46] https://www.mentimeter.com (aufgerufen am 24.09.2019)

Nun kann die Frage eingegeben werden und festgelegt werden, wie viele Antworten pro Person abgegeben werden können. Die Präsentation kann dann durch einen Klick auf „Present" gestartet werden.

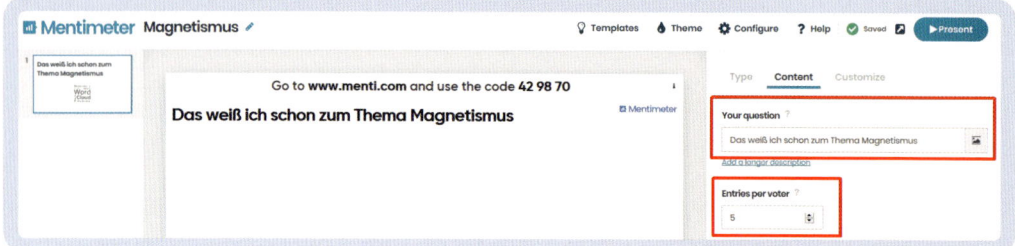

Über den Beamer wird der Bildschirm mit den Kindern geteilt. Sie sehen die Aufforderung, auf die Seite menti.com[47] zu gehen und den Code einzugeben.

Es bietet sich an, einen Link zur Seite menti.com[48] auf den Schultablets zu speichern oder die kostenlose App zu installieren. Alternativ kann die Seite den Kindern auch per QR-Code zur Verfügung gestellt werden. Die Kinder werden auf der Seite aufgefordert, den Code, den sie über den Beamer sehen, einzugeben. Nun können die Schüler ihre Antworten eintragen.

Sobald die Antworten abgeschickt wurden, sind sie über den Beamer für alle sichtbar. Je häufiger (von je mehr Kindern) ein Wort eingegeben wurde, desto größer erscheint es in der Auswertung.

---

[47] https://www.menti.com (aufgerufen am 02.09.2019)
[48] ebd.

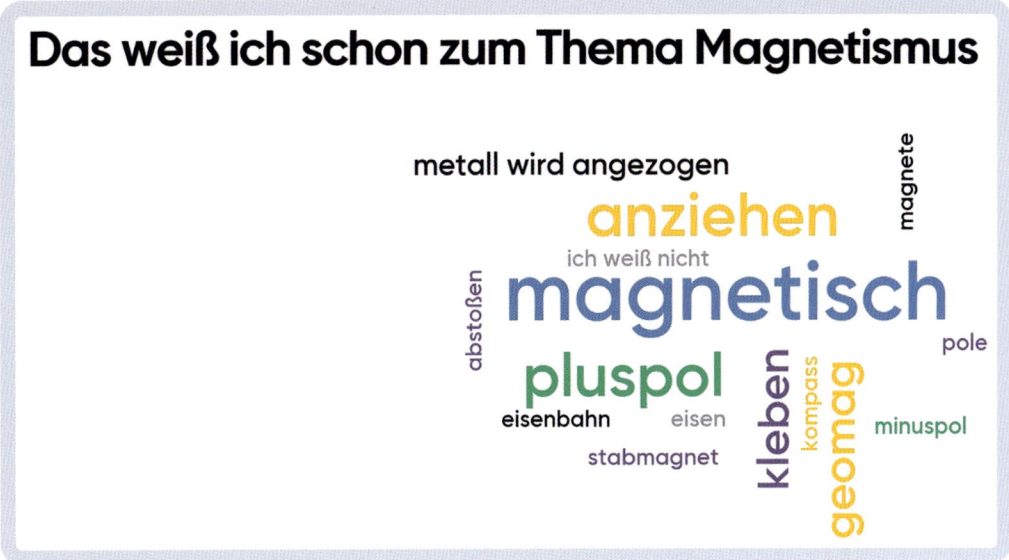

Unterrichtsbeispiele

Die unterschiedlichen Interaktionsmöglichkeiten, die Mentimeter® bietet, können in verschiedenen Unterrichtsphasen mit variablen Zielen schnell und unkompliziert eingesetzt werden.

Interaktionstyp Multiple Choice und Image Choice

Mit Multiple-Choice-Interaktionen kann Vorwissen abgefragt werden. Auch Abstimmungen lassen sich so schnell und anonym durchführen, visualisieren und speichern.

Beispiel: Abstimmung über das nächste Sachunterrichtsthema
In der Klasse soll in den nächsten Wochen ein Tier gehalten, beobachtet und erforscht werden. Zur Auswahl stehen die Ameise, die Schnecke oder der Regenwurm.

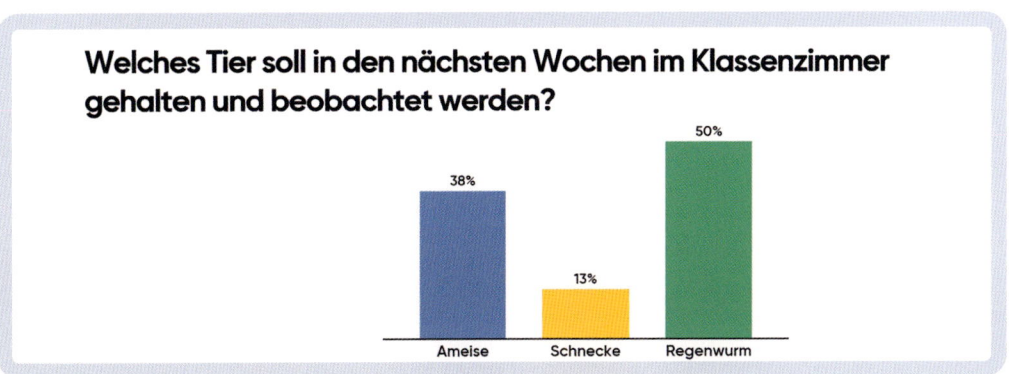

Interaktionstyp Word Cloud

Begriffe, Schlagworte, Vorwissen, Ideen etc. können in einer Wortwolke gesammelt, gespeichert und für den Unterricht genutzt werden.

Häufig genannte Antworten werden größer dargestellt. Diese visuelle Gewichtung der Antworthäufigkeiten bietet viele Gesprächsanlässe und macht Schwerpunkte sichtbar.

Beispiel: Erfassung von Vorwissen zum Thema „Magnetismus"

Mit einer Wortwolke kann schnell das Vorwissen der Schüler zu einem bestimmten Thema erfasst werden. Die Wortwolke bietet einen ersten Einstieg in das neue Thema. Auch Fehlkonzepte (in diesem Fall z. B. „Kleben") werden ersichtlich, ohne dass sich ein Kind „outen" muss, und können im weiteren Unterrichtsverlauf aufgegriffen werden.

Beispiel: Klassenlektüre

Als Klassenlektüre soll das Buch „Gespensterjäger auf eisiger Spur"[49] von Cornelia Funke gelesen werden. Zur Einstimmung betrachten die Kinder das Buchcover und sammeln in der Gruppe Assoziationen zu dem Wort „Gespenst". Ihre Assoziationen tragen sie bei Mentimeter® ein. Die daraus resultierende Wortwolke bietet einen Sprechanlass und verbleibt, solange die Lektüre behandelt wird, ausgedruckt im Klassenzimmer.

Auch zum Abschluss der Lektüre kann ein Feedback durch eine Wortwolke erstellt werden.

---

[49] Funke, Cornelia. Gespensterjäger auf eisiger Spur. Bindlach: Loewe Verlag, 2009.

Interaktionstyp Open Ended

Bei dieser sehr offenen Interaktionsmöglichkeit können die Schüler Antworten, Gedanken, Meinungen, Ideen, Vorschläge oder Fragen frei formulieren. Diese erscheinen dann wie an einer Pinnwand angepinnt.

Beispiel: Fragensammlung

Wenn im Sachunterricht das Thema „Sinne" behandelt wird, kommt zum Abschluss der Sequenz ein blinder Mann zu Besuch in die Klasse, berichtet von seinem Leben, zeigt Hilfsmittel für Blinde, die die Schüler auch testen dürfen, und beantwortet Fragen der Kinder. Zur Vorbereitung auf diesen Besuch sammeln die Schüler ihre Fragen.

Fazit

Die Interaktionsmöglichkeiten durch Mentimeter® können kleine, aber nützliche Impulse zum Unterricht beitragen. Abstimmungen, Brainstormings etc. können übersichtlich durchgeführt, dargestellt und gespeichert werden. Den Schülern kann so die Möglichkeit zur Interaktion und sogar zur Mitbestimmung und Mitgestaltung des Unterrichts gegeben werden. Als Lehrer muss man dann natürlich auch bereit sein, spontan auf die Beiträge zu reagieren und den Unterricht so flexibel und adaptiv an die Schülerinteressen/-meinungen anzupassen.

 Tipp

Virtuelle Karteikarten an eine virtuelle Pinnwand zu schicken, geht auch mit der Kartenabfrage von ONCOO® und wird im nächsten Kapitel *3.9 ONCOO®* beschrieben.

3.9 ONCOO®

Klassenstufen: ab Klasse 2
Fächer: alle

Kompetenzbereiche KMK:
- 2. Kommunizieren und Kooperieren
  - 2.1 Interagieren
  - 2.2 Teilen
  - 2.3 Zusammenarbeiten
  - 2.4 Umgangsregeln kennen und einhalten
  - 2.5 An der Gesellschaft aktiv teilhaben

Was ist ONCOO®?

Mit ONCOO®, einem Projekt des Fachseminars Informatik am Studienseminar für das Lehramt an berufsbildenden Schulen in Osnabrück, sollen kollaborative Unterrichtsmethoden digital unterstützt werden. ONCOO® kann per Browser plattformunabhängig, kostenlos und anonym genutzt werden.
ONCOO® beinhaltet fünf verschiedene Methoden, von denen eine vom Lehrer online gestartet wird. Die Schüler brauchen ein internetfähiges Gerät, mit dem sie sich dann daran beteiligen. Alle Ergebnisse können sofort live über einen Beamer projiziert werden.

Folgende Methoden stehen zur Auswahl:
- **Kartenabfrage**: Es handelt sich um eine „virtuelle Pinnwand", ähnlich wie bei Padlet oder Pinup. Die Schüler beschriften zu einer Frage oder einem Thema virtuelle Karteikarten und schicken sie an die Pinnwand. Die Karten können im Anschluss noch umsortiert und die Pinnwand so nach bestimmten Gesichtspunkten strukturiert werden.
- **Zielscheibe**: Zu vorgegebenen Aussagen können die Schüler an einer virtuellen Zielscheibe mit einem virtuellen Klebepunkt markieren, wie sehr eine Aussage aus ihrer Sicht „ins Schwarze trifft".
- **Helfersystem**: Dieses Tool soll dabei unterstützen, dass sich die Schüler untereinander Hilfestellungen geben können: Kinder können hier markieren, dass sie mit einer Aufgabe fertig sind und als Helferperson zur Verfügung stehen. Wer Probleme bei einer Aufgabe hat, kann diese Helfer um Unterstützung bitten.
- **Lerntempoduett**: Nach Bearbeitung einer Aufgabe in Einzelarbeit, markieren Schüler, wenn sie diese beendet haben, und erhalten anschließend einen Partner für die Weiterarbeit.
- **Placemat**: Wie bei der analogen Methode tragen die Schüler Ergebnisse ein, anschließend werden ihnen neue Partner zugewiesen.

Die genannten Methoden sind alle nicht neu. Die digitale Version kann, im Vergleich zur analogen, aber die Durchführung vereinfachen, Ergebnisse besser verdeutlichen und speicherbar machen. Ein weiterer großer Vorteil liegt in der direkten, für alle sichtbaren Visualisierung der Ergebnisse über den Beamer.

Benötigte Ausstattung

Auf der Seite ONCOO®.de/ONCOO.php[50] kann ohne Registrierung eine der fünf Methoden ausgewählt, gestartet und über einen Beamer projiziert werden.

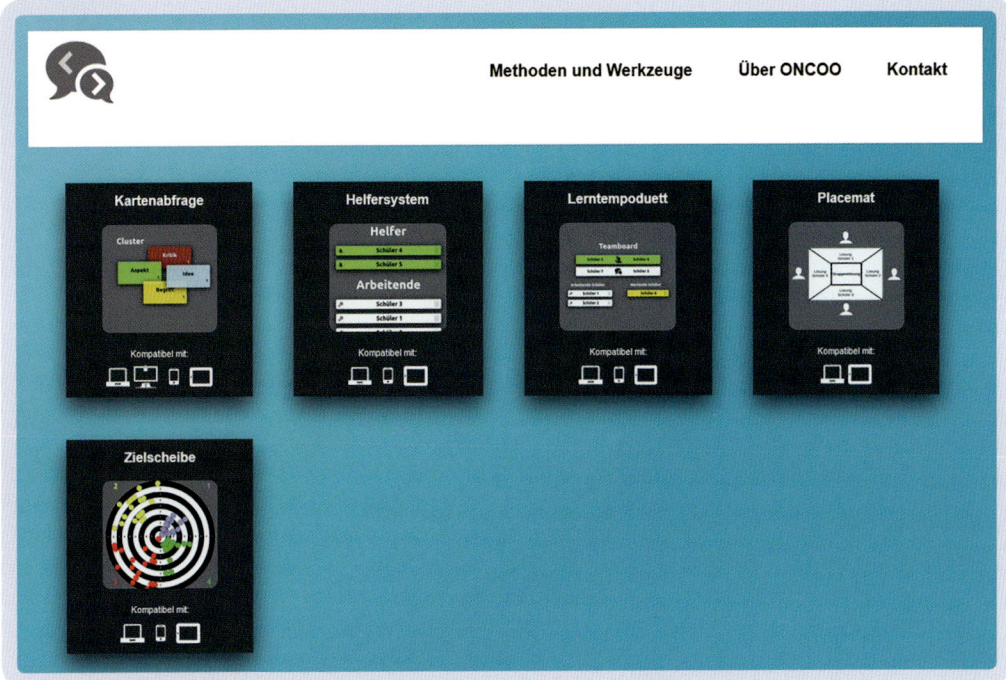

Nach Auswahl der Methode (hier Zielscheibe), kann eine Fragestellung eingegeben werden. Ein Code und ein QR-Code zum Anmelden für die Schüler werden direkt angezeigt.

---

[50] https://ONCOO.de/ONCOO.php (aufgerufen am 02.09.2019)

Willkommen zur Evaluationszielscheibe!

Einstellungen festlegen

Bitte geben Sie die zu bewertenden Aspekte ein!

Aspekt hinzufügen	Aspekt entfernen

Aspekt 1: | Das neue Thema finde ich interessant.

Aspekt 2: | Ich konnte heute konzentriert arbeiten.

Anzahl Bewertungsstufen (2 bis 10): **10**

Ein Passwort vergeben

Sie können hier ein Passwort vergeben. Damit können sie verhindern, dass Schülerinnen oder Schüler später auf die Tafelansicht zugreifen. Wenn Sie kein Passwort vergeben möchten, lassen Sie das Feld frei.

Erstellen

Die Schüler können sich nun durch Eingabe eines Codes auf der Seite ONCOO.de[51] oder durch Scannen eines QR-Codes einwählen und teilnehmen. Haben sich alle Schüler eingewählt, starten die Kinder unter „Los geht´s". Dann beantworten die Kinder die Fragen.

			ich stimme ...								
		<= ... nicht zu				... voll zu =>					
Das neue Thema finde ich interessant.	k.A.	1	2	3	4	5	6	7	8	9	10
Ich konnte heute konzentriert arbeiten.	k.A.	1	2	3	4	5	6	7	8	9	10
	k.A.	1	2	3	4	5	6	7	8	9	10
	k.A.	1	2	3	4	5	6	7	8	9	10

Bewertung absenden

Durch die Visualisierung per Whiteboard oder Beamer kann die Abstimmung direkt verfolgt werden. Analog funktioniert das Starten einer der anderen Methoden.

---

[51] https://oncoo.de (aufgerufen am 25.09.2019)

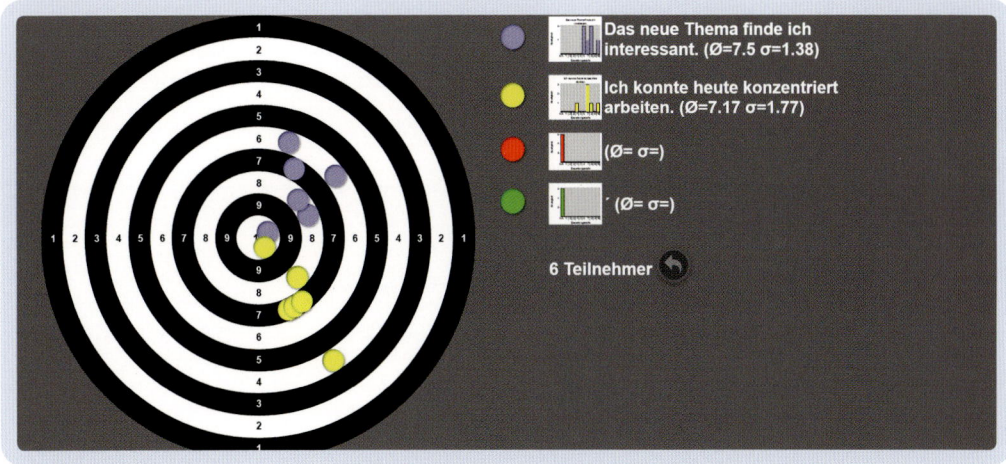

Bei der Kartenabfrage können die Kinder auf virtuelle Karteikarten ihre Antworten, Gedanken, Meinungen, Ideen, Vorschläge oder Fragen zum Thema notieren und an die virtuelle Pinnwand schicken. Im Unterschied zu der Open-Ended-Aktivität bei Mentimeter® (siehe Kapitel *3.8 Mentimeter®*), können hier die Schüler eine Farbe für ihre virtuellen Karteikarten wählen. Die Karteikarten können anschließend durch die Lehrperson noch verschoben und sortiert / gruppiert und auch bearbeitet sowie durch Überschriften und Pfeile ergänzt werden.

Unterrichtsbeispiele

Beispiel Kartenabfrage: Obst und Gemüse (Klasse 2)
Die Schüler sammeln in der Gruppe Obst- und Gemüsesorten, die sie kennen, und schreiben sie dann auf die virtuellen Karteikarten.

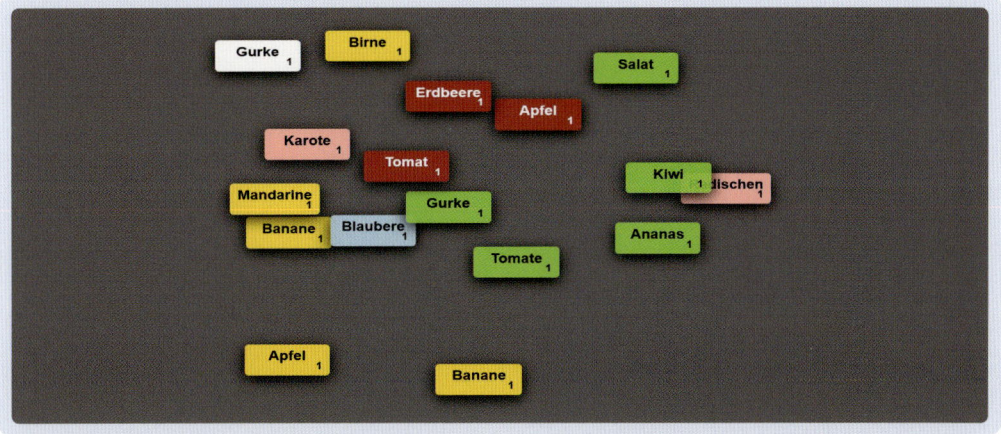

Nachdem alle Gruppen ihre Ideen abgeschickt haben, fügt der Lehrer die Überschriften „Obst" und „Gemüse" ein, und die Karten können entsprechend zugeordnet werden. Gleichzeitig können Tippfehler verbessert werden, wie man hier z. B. bei dem Wort „Tomate" sieht.

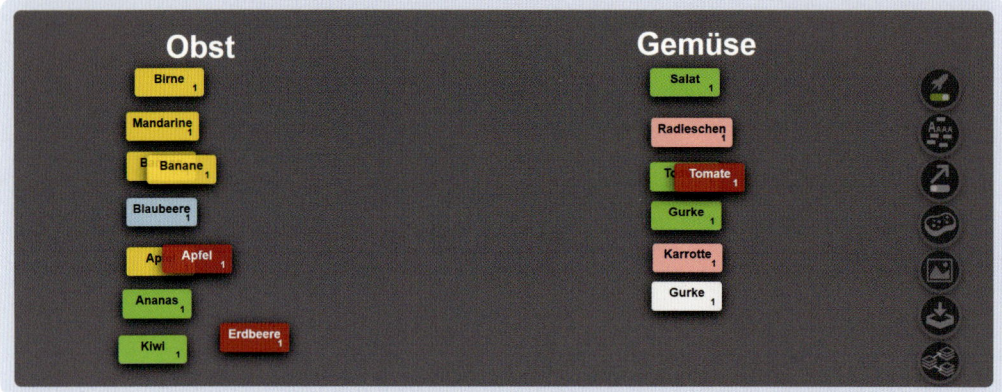

Fazit

Mit ONCOO® kann man schnell und sehr einfach Feedback einholen, Ideen sammeln oder Arbeitsabläufe organisieren. Alle diese Ideen sind, wie schon erwähnt, nicht neu, durch ONCOO® aber manchmal effektiver, übersichtlicher und eben auch speicherbar. Die Kartenabfrage bei ONCOO® bietet insgesamt mehr Möglichkeiten als das Open-Ended-Tool bei Mentimeter®.

3.10 Kahoot!®

Klassenstufen: alle
Fächer: alle

In diesem Kapitel geht es vor allem um die Festigung von bereits gelernten Inhalten.

Was ist Kahoot®?

Bei Kahoot!® handelt es sich um ein interaktives Quiztool. Dabei werden die Quizfragen online erstellt, die Fragen über den Beamer präsentiert und die Tablets mit der Kahoot!®-App zum Antworten genutzt.

Benötigte Ausstattung

Um ein Quiz zu erstellen oder ein vorhandenes Quiz zu starten, wird ein Account auf der Kahoot!®-Webseite kahoot.com[52] benötigt.

Alle einmal erstellten Quizze bleiben für spätere Nutzung oder Bearbeitung dort gespeichert. Die Nutzung von Kahoot!® ist kostenlos, es gibt jedoch seit 2019 eine kostenpflichtige Premium-Version mit zusätzlichen Funktionen. Diese ist für den Gebrauch im Unterricht aber nicht zwingend nötig.

Ein neues Quiz erstellen

Um ein neues Quiz zu erstellen, klickt man nach dem Einloggen auf den Button „Create" und wählt das Format „Quiz" aus. Hier kann auch ausgewählt werden, ob das Quiz von anderen in der Suche gefunden werden kann oder nicht.

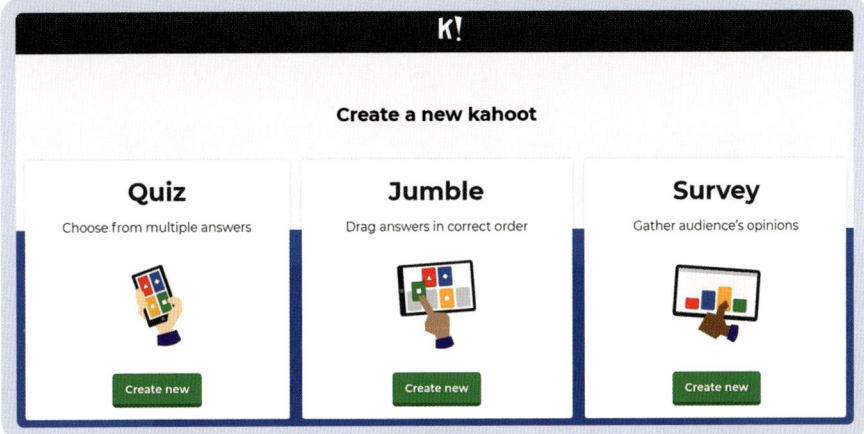

Anschließend gibt man den Titel und die Beschreibung des Quiz und optional ein Bild ein.

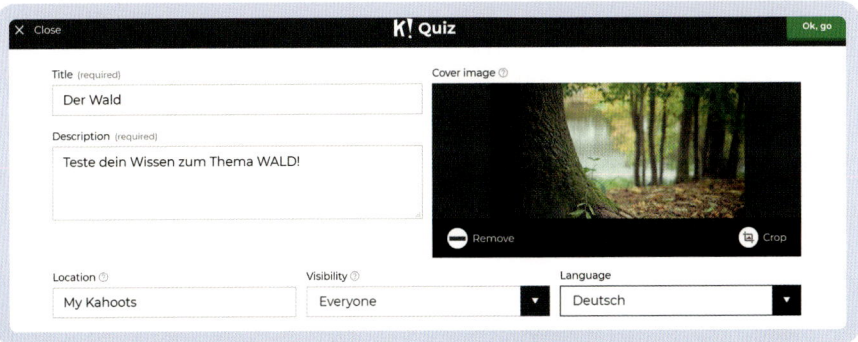

---

[52] https://kahoot.com (aufgerufen am 02.09.2019).

Nach einem Klick auf „OK, go" und dann „Add questions" können nun die Fragen und optional dazu passende Bilder, z.B. von Pixabay®, oder YouTube®-Links für Filme eingegeben werden.

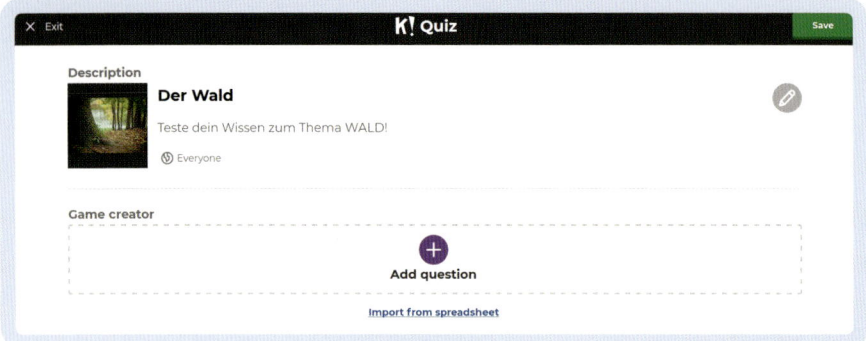

Zu jeder Frage können zwei bis vier Antwortmöglichkeiten eingetragen werden. Die richtige Antwort wird durch Setzen des grünen Hakens markiert. Auch die zur Beantwortung zur Verfügung stehende Zeit kann ausgewählt werden.

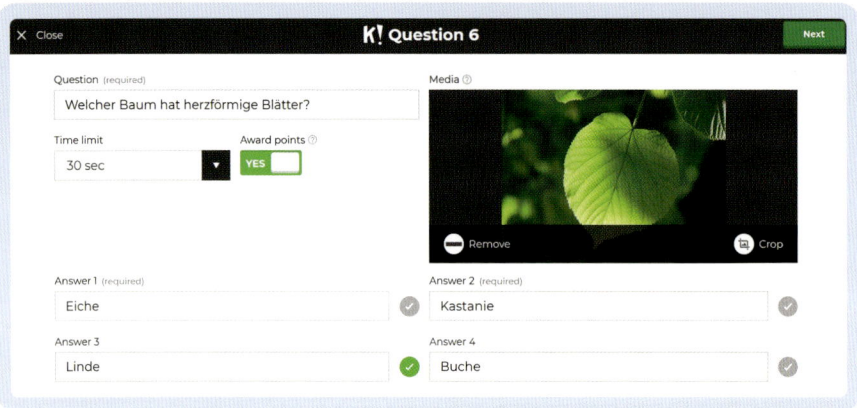

Wenn alle Fragen eingegeben sind, wird das Quiz gespeichert. Es kann auch später immer wieder bearbeitet werden.

Nach einem Quiz suchen

Statt ein Quiz komplett neu zu erstellen, kann man auch in der Datenbank unter dem Punkt „Discover" mit Schlagwörtern nach bereits vorhandenen Quizzen suchen. Hat man ein passendes Quiz gefunden, kann man ein Duplikat davon speichern und auch noch verändern und so an die eigenen Bedürfnisse anpassen. Diese Funktion zeigt die Offenheit der Anwendung und unterstützt die Zusammenarbeit von Lehrkräften.

Ein Quiz spielen

Um ein Quiz mit den Schülern zu spielen, ruft man seine gespeicherten Daten durch einen Klick auf „Kahoots" auf und wählt das entsprechende Spiel aus („Play"). Nun kann noch eingestellt werden, ob jedes Kind alleine gegen andere Schüler spielt („Classic") oder im Team gespielt werden soll („Team Mode").

Anschließend erscheint ein Zifferncode, die sogenannte Game-Pin. Der Bildschirm des Lehrers muss ab diesem Zeitpunkt über den Beamer für alle Teilnehmer sichtbar sein. Um an einem Quiz teilzunehmen, brauchen die Schüler entweder die kostenlose Kahoot!®-App oder sie können alternativ auch im Browser unter kahoot.it[53] spielen.

In der App geben die Schüler die Game-Pin ein und wählen einen Nickname. Sobald sich alle Spieler angemeldet haben, kann es losgehen. Über den Beamer sehen die Kinder nun die erste Frage mit verschiedenen Antwortmöglichkeiten, die in den Farben Rot, Blau, Gelb und Grün unterlegt sind.

---

[53] https://kahoot.it (aufgerufen am 02.09.2019)

Auf ihrem Tablet sehen die Schüler vier Felder mit den Farben und Symbolen der vorgegebenen Antworten. Um eine Antwort auszuwählen, wird die entsprechende Farbe angeklickt.

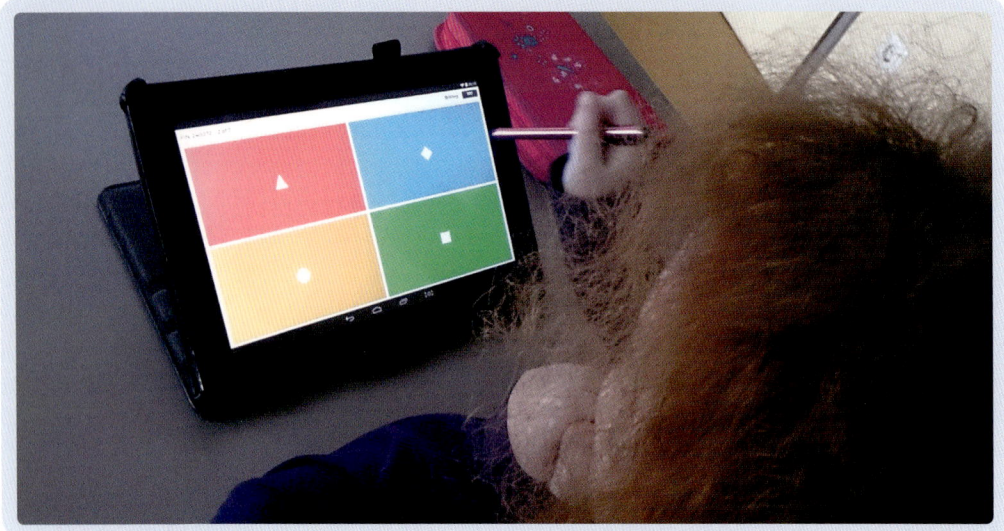

Wenn alle Teilnehmer die erste Frage beantwortet haben, sehen sie, welche Antwort richtig war und wie viele Quizteilnehmer die jeweiligen Antworten gewählt haben. Sie erhalten also eine direkte Rückmeldung. Dies bietet für den Lehrer einen guten Anhaltspunkt, welche Aspekte des Themas im Unterricht noch einmal gezielt wiederholt oder vertieft behandelt werden sollten. So kann die Zeit, die zur Wiederholung zur Verfügung steht, effektiver und gezielter genutzt werden.

Wie es sich für ein Quiz gehört, gibt es für die korrekte Antwort und für die Zeit, die zur Beantwortung gebraucht wurde, Punkte. Je schneller eine Frage richtig beantwortet wurde, umso mehr Punkte erhält man. Nach Abschluss des Quiz kann sich der Lehrer im Account Statistiken zum Quiz anzeigen lassen.

Unterrichtsbeispiele

Drei Beispiel-Quizze können jeweils über den Link oder den QR-Code aufgerufen werden.

Thema: Anlaute erkennen
https://create.kahoot.it/share/anlaute/ce9ef7e6-f3f1-4618-b3b1-be1f20eac2fb[54]

Thema: Wald
https://create.kahoot.it/share/der-wald/4fda149f-cddd-47a4-866a-5824295ec229[55]

Thema: Multiplikation und Division
https://create.kahoot.it/share/multiplikation-und-division/d0dbbedd-d279-46ed-ae51-4da07dec094a[56]

Fazit

Kahoot!® ist kein Feuerwerk an innovativem digitalem Unterricht. Durch den bloßen Einsatz von Kahoot!® wird auch der Unterricht nicht verändert und die 4K sucht man vergeblich. Kahoot!® ist lediglich eine Möglichkeit, um den Unterrichtsstoff spielerisch zu wiederholen. Schüler und Lehrkraft bekommen eine Rückmeldung darüber, wie gut der Stoff schon beherrscht wird. Wiederholungs- oder Vertiefungsstunden können gezielter geplant werden und die Schüler haben dabei großen Spaß.

☞ *Tipp*

Es ist auch denkbar, dass sich Schüler selbst Quizfragen und Antwortmöglichkeiten zu einem Thema ausdenken. Auf der Suche nach einer geeigneten Frage und passenden Antwortalternativen durchdenken die Kinder den Lernstoff erfahrungsgemäß sehr intensiv und aus einer neuen Perspektive. Auch zur Erfassung des Vorwissens zu einem bestimmten Thema kann Kahoot!® eingesetzt werden.

[54] https://create.kahoot.it/share/anlaute/ce9ef7e6-f3f1-4618-b3b1-be1f20eac2fb (aufgerufen am 25.09.2016)
[55] https://create.kahoot.it/share/der-wald/4fda149f-cddd-47a4-866a-5824295ec229 (aufgerufen am 25.09.2016)
[56] https://create.kahoot.it/share/multiplikation-und-division/d0dbbedd-d279-46ed-ae51-4da07dec094a (aufgerufen am 25.09.2019)

3.11 LearningApps

Klassenstufen: alle
Fächer: alle

In diesem Kapitel geht es vor allem um die Festigung von bereits gelernten Inhalten.

Was ist LearningApps?

LearningApps ist eine kostenlose webbasierte Onlineplattform, auf der digitale, interaktive und multimediale Lernbausteine (Apps) erstellt werden können. Die Apps werden online angefertigt, gespeichert und können dann direkt online genutzt werden. Durch verschiedene Vorlagen für unterschiedliche Aufgabentypen, z.B. Zuordnungsaufgaben, Multiple-Choice-Aufgaben, Kreuzworträtsel, ist die Erstellung eigener Inhalte sehr einfach umzusetzen.

Es können auch von anderen Nutzern bereits verfasste Apps gesucht und bearbeitet werden, um sie an die eigenen Bedürfnisse anzupassen. Nicht immer muss also bei der Erstellung einer Übung bei null begonnen werden.

LearningApps stellen eine relativ simple Möglichkeit dar, Übungsaufgaben passend zum Unterricht und an den Bedarf der Klasse angepasst zu erstellen. Lerninhalte können so geübt und gefestigt werden.

So geht's

Um Apps erstellen und speichern zu können, wird ein kostenloser Account benötigt. Auf der Startseite LearningApps.org[57] kann man einen neuen Account erstellen oder sich einloggen, wenn schon ein Account vorhanden ist.

---

[57] https://LearningApps.org (aufgerufen am 02.09.2019).

Unterrichtsbeispiele

Beispiel: „Paare zuordnen"-App erstellen
Um eine neue App zu erstellen, klickt man den Button „App erstellen" an. Nun werden alle Appvarianten, die erstellt werden können, angezeigt.

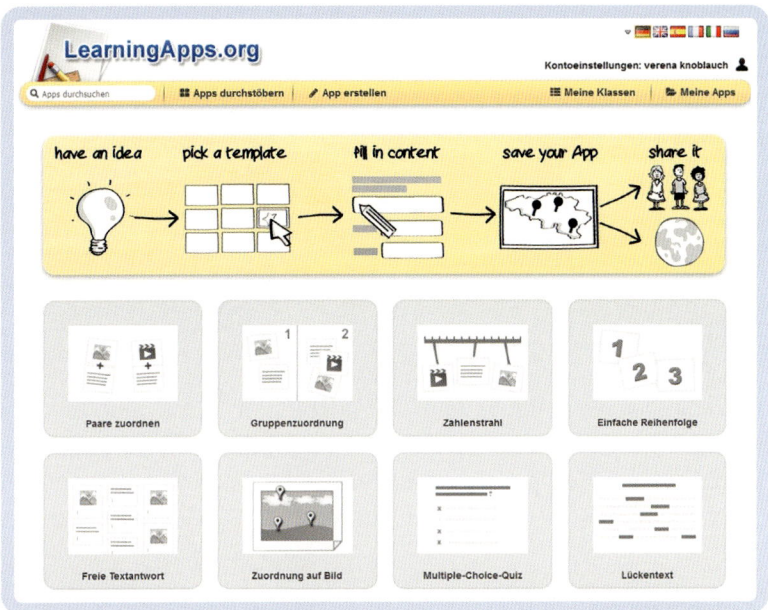

Exemplarisch wird nun Schritt für Schritt gezeigt, wie eine „Paare zuordnen"-App erstellt wird: Zuerst wählt man die Variante „Paare zuordnen" aus. Eine Beispielaufgabe wird angezeigt. Um selbst eine App zu erstellen, klickt man „neue App erstellen" an. Nun können der Titel der App und die Aufgabenbeschreibung eingetragen werden. Anschließend werden die einzelnen Paare festgelegt. Neben Text können auch Bilder, Audiodateien oder Videos ausgewählt werden.
In diesem Beispiel soll die Aufgabe zum BreakoutEdu® (siehe Kapitel *3.12 BreakoutEdu®*), bei der Paare aus Bundesland und Landeshauptstadt gebildet werden, erstellt werden. Die Paare bestehen also hier nur aus Wörtern. Um ein weiteres Paar hinzuzufügen, wird der Button „+ weiteres Element hinzufügen" angeklickt.

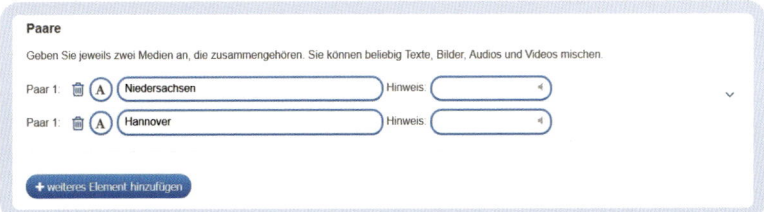

Sind alle Paare eingetragen, kann weiter unten eingestellt werden, ob korrekt gefundene Paare ausgeblendet werden sollen und welches Feedback am Ende der App erscheinen soll. Auch mögliche Hilfestellungen können angegeben werden. Dann klickt man „▶ Fertigstellen und Vorschau anzeigen" an.

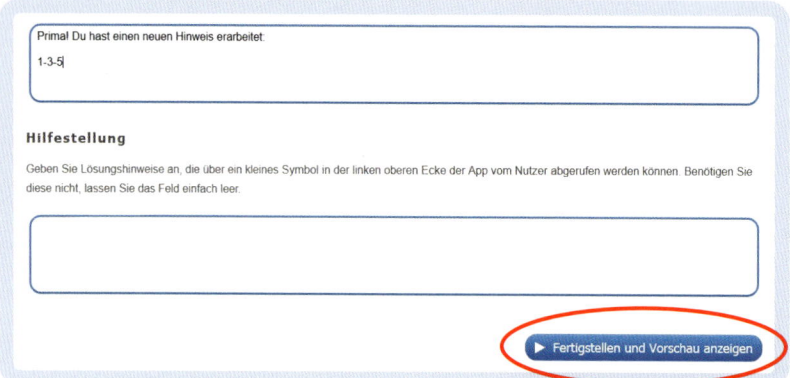

Jetzt sieht man die gerade erstellte App. Soll doch noch etwas geändert werden, klickt man den Button „erneut anpassen" an. Soll die App, so wie sie ist, gespeichert werden, klickt man auf „App speichern". Die App ist nun in der Sammlung eigener Apps hinterlegt. Der Link, der zur App führt, und der passende QR-Code werden direkt unter der App angezeigt.

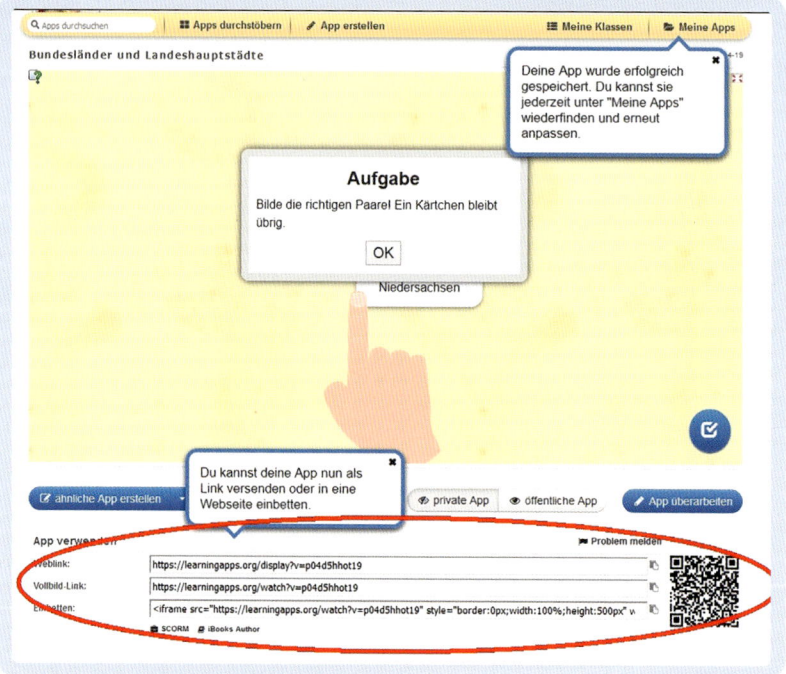

Beispiel: Vorhandene Apps durchsuchen und verwenden

Nicht immer muss eine App komplett neu erstellt werden. In der LearningApps-Daten-
bank gibt es mittlerweile unzählige Apps, die an die eigenen Bedürfnisse angepasst und
dann verwendet werden können.

Für die Suche nach Apps zu einem bestimmten Thema wird das Schlagwort in das
Suchfenster eingegeben. In diesem Beispiel ist es das Schlagwort „Bundesländer". Es
werden nun bereits vorhandene Apps zu diesem Thema angezeigt und können angesehen werden. In diesem Fall wird die App „Die deutschen Bundesländer" ausgewählt.

Wenn die App, so wie sie ist, für den geplanten Einsatz passend ist, kann sie direkt im
eigenen Konto gespeichert werden: merken in „meine Apps".

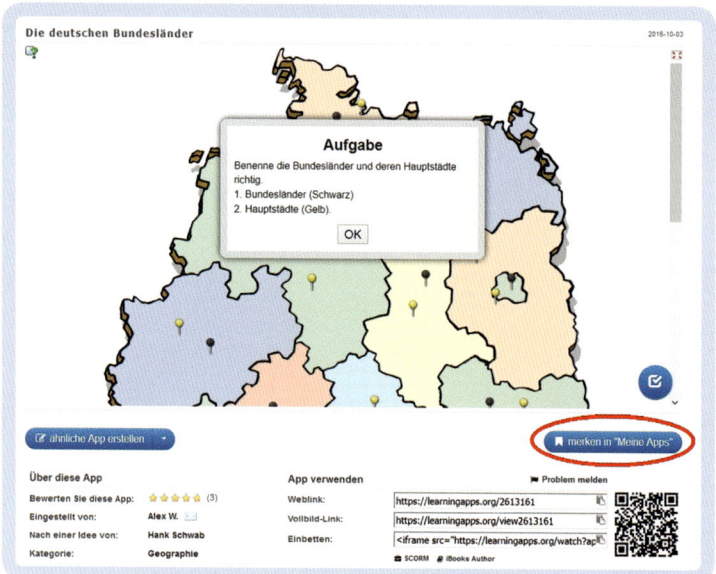

Die App kann aber auch verändert und an die eigenen Bedürfnisse angepasst werden. Dazu klickt man auf den Button „ähnliche App erstellen". Jetzt wird die Bearbeitungsansicht angezeigt und einzelne Elemente können verändert, angepasst, gelöscht oder ergänzt werden. Nach Abschluss der Änderungen klickt man wieder auf „Fertigstellen und Vorschau anzeigen". Dann kann man die so erstellte App überprüfen und entscheiden, ob sie in dieser Form gespeichert werden soll.

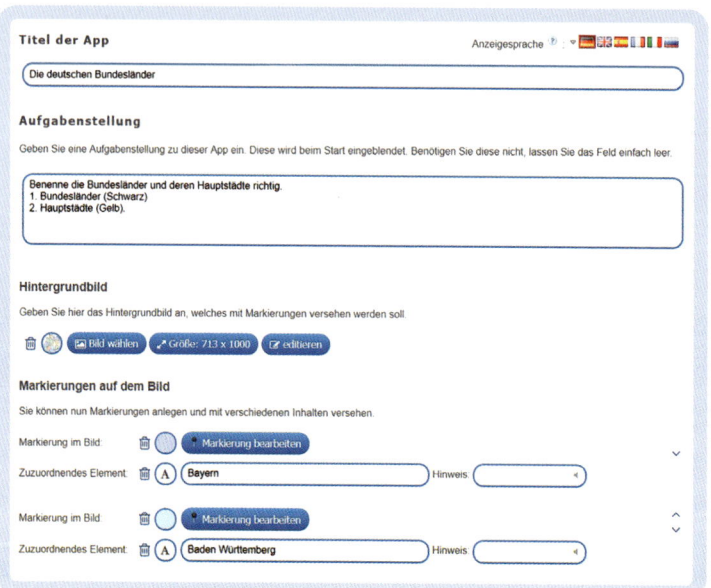

Zugriff der Schüler auf die Apps

Für die Schüler gibt es zwei verschiedene Möglichkeiten, auf die Apps zuzugreifen: Sie können ohne eigenen Account auf Apps zugreifen, wenn sie vom Lehrer den Link, z.B. per QR-Code, erhalten. Der Lehrer kann aber auch einen Ordner für die Klasse anlegen. Dazu klickt man nach dem Einloggen auf den Button „Meine Klassen". Daraufhin kann der Name der Klasse eingegeben und der Ordner durch Klicken auf „Klasse erstellen" angelegt werden. Nachdem die Klasse erstellt wurde, werden die einzelnen Schüler durch Anklicken von „Schülerkonten" und anschließend von „weitere Schülerkonten erstellen" angelegt. Vor- und Nachnamen der Kinder müssen eingetragen werden, Login-Name und Passwort wird dann automatisch generiert. Aufgrund der Datenschutz-Grundverordnung (DSGVO) empfehle ich, keine Klarnamen einzutragen. Zum Schluss werden die neu angelegten Schüler gespeichert. In diesem Beispiel sind fiktive Namen eingetragen.

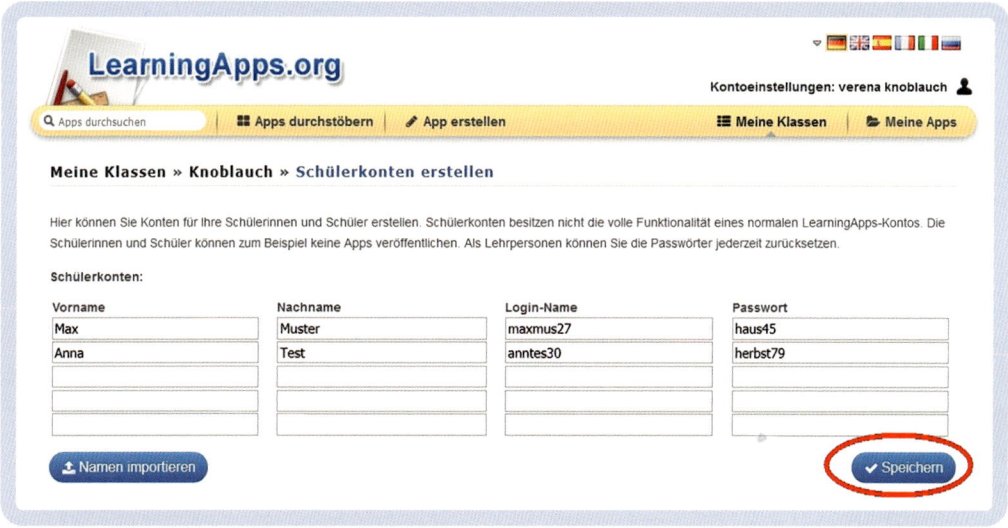

Anschließend können die Log-in-Namen und Passwörter ausgedruckt werden, um sie an die Kinder weiterzugeben. Apps können nun in diesem Klassenordner gespeichert werden, damit die Schüler über ihre Tablets Zugriff darauf erhalten. Greifen die Schüler auf diesem Weg auf die Apps zu, kann der Lehrer im Klassenordner durch Klick auf den Button „Statistik" sehen, welche Aufgabe schon von welchem Schüler bearbeitet wurde, wenn man solch eine Kontrollfunktion möchte. Theoretisch kann auch für einzelne Schüler ein Ordner mit individuellen Aufgaben, die speziell auf deren Bedürfnisse angepasst wurden, angelegt werden. Dies kann z.B. für Legastheniker, Kinder mit Dyskalkulie oder bei inklusiver Beschulung sinnvoll sein.

Fazit

Im Prinzip sind LearningApps nichts anderes als digitalisierte Arbeitsblätter, mit denen bestimmte Inhalte eingeübt werden können. LearningApps allein machen keinen modernen, zeitgemäßen Unterricht aus. Sie können aber helfen, bestimmte Lerninhalte zu üben und zu festigen.

3.12 BreakoutEdu® oder der Escaperoom im Klassenzimmer

Klassenstufen: alle
Fächer: alle

Kompetenzbereiche KMK:
- 1. Suchen, Verarbeiten und Aufbewahren
  - 1.1 Suchen und Filtern
  - 1.2 Auswerten und Bewerten
- 2. Kommunizieren und Kooperieren
  - 2.3 Zusammenarbeiten
- 5. Problemlösen und Handeln
  - 5.2 Werkzeuge bedarfsgerecht einsetzen
  - 5.4 Digitale Werkzeuge und Medien zum Lernen, Arbeiten und Problemlösen nutzen

Was ist BreakoutEdu®?

Escaperooms wachsen in den letzten Jahren wie Pilze aus dem Boden. Als Gruppenerlebnis und teambildende Maßnahme von Firmen wie von privaten Gruppen gerne genutzt, kann man sich dort – eingebettet in eine Rahmengeschichte – in einen speziellen Raum einsperren lassen. Dort müssen Hinweise gefunden und Rätsel gelöst werden, um eine bestimmte Mission zu erfüllen und den Raum verlassen zu können. Problemlösendes Denken und Teamwork stehen im Vordergrund. Dieses Erlebnis soll in die Schule geholt werden. Da Schüler aber aus verschiedenen Gründen nicht im Klassenzimmer eingeschlossen werden dürfen, wird die Idee folgendermaßen angepasst:

Eine (Schatz-)Kiste, die mittels einer Schließe, auch Haspe genannt, mit verschiedenen Schlössern verschlossen ist, soll innerhalb einer bestimmten Zeit von den Schülern geöffnet werden. Auch hier gibt es natürlich eine Rahmengeschichte, die erklärt, was in der Schatzkiste eingeschlossen ist und warum man sie unbedingt öffnen will.

Mithilfe verschiedener Hinweise und Rätsel, die zum Teil im Klassenzimmer versteckt sind, können die Kinder Zahlencodes herausfinden, mit denen die Schlösser nach und nach geöffnet werden. Dabei arbeiten die Schüler optimalerweise in Gruppen von 3-5 Kindern zusammen. Nicht immer ist auf Anhieb ersichtlich, was mit einem Hinweis gemacht werden muss, um den Zahlencode zu erhalten. Vom Lehrer erhalten die Gruppen keine Tipps. Teamwork ist also gefragt. Die Kinder knobeln, beraten sich, denken um die Ecke und müssen auch aushalten, die Lösung nicht direkt auf dem Silbertablett präsentiert zu bekommen. Nur wenn die Gruppe gut zusammenarbeitet, alle Hinweise findet, die Rätsel sinnvoll bearbeitet und die richtigen Kombinationen herausfindet, stellt sich der Erfolg ein und die Schatzkiste kann geöffnet werden. Je nach Art der zu lösenden Aufgaben werden Tablets zur Bearbeitung eingesetzt.

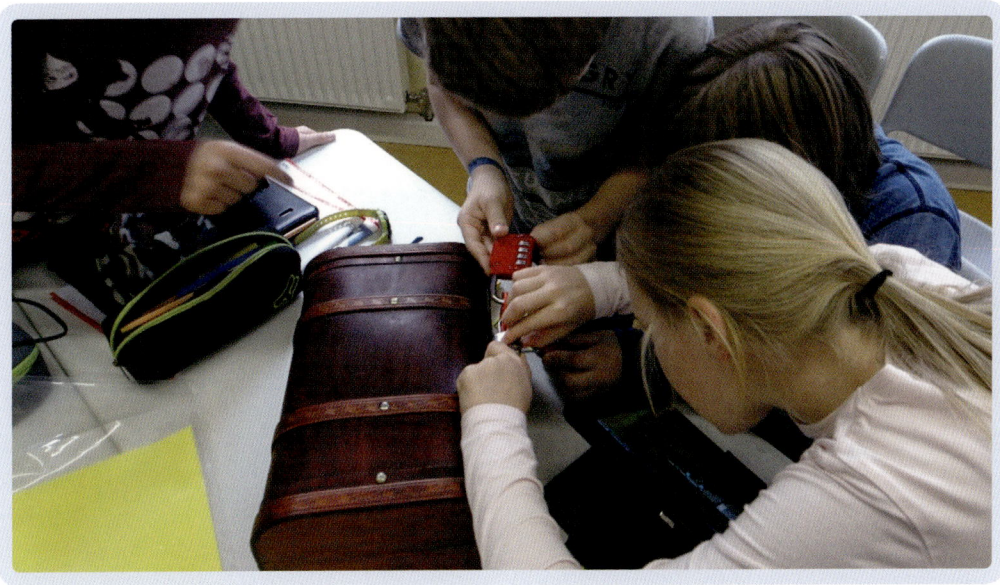

In der Schatzkiste finden die Kinder dann zur Einstiegsgeschichte passendes Material. Optimal ist es, wenn dieses Material Möglichkeiten zur weiteren Beschäftigung bietet, da die Gruppen erfahrungsgemäß nicht alle zeitgleich fertig sind. Bei dieser Unterrichtsidee steht nicht der Erwerb von fachspezifischem Wissen im Vordergrund. Es geht vielmehr um Kommunikation und Kooperation in der Gruppe, um problemlösendes Denken, Durchhaltevermögen, die Fähigkeit zur Selbstreflexion, logisches Denken und zielorientiertes Handeln.

Benötigtes Material

- Schatzkisten
- Haspe (Schloss)
- Mehrere dreistellige Zahlenschlösser mit verstellbarer Kombination, die sich optisch unterscheiden
- Ein vierstelliges Zahlenschloss mit verstellbarer Kombination
- UV-Stifte, UV-Lampen (am Deckel von UV-Stiften ist ein Lämpchen)
- Farbige Briefumschläge

Um nicht den Überblick über die aktuellen Kombinationen der Schlösser zu verlieren, empfiehlt es sich, ein Dokument anzulegen, in dem alle Schlösser mit der aktuellen Kombination vermerkt werden.

Aufgaben und Rätsel

Neben digitalen Aufgaben und Rätseln, wie z.B. LearningApps-Aufgaben, interaktiven Filmen oder Rechercheaufgaben, ergänzen analoge Aufgaben wie Kreuzworträtsel, Puzzles oder Rechenaufgaben das Setting. Einige Materialien werden den Gruppen von Anfang an zusammen mit den Schatzkisten zur Verfügung gestellt, anderes ist im Klassenzimmer oder im Schulhaus versteckt und muss erst gefunden werden. Sinnvoll ist es, die Aufgaben einem bestimmten Thema unterzuordnen, das sich auch in der Einstiegsgeschichte widerspiegelt, z.B. Reise durch Deutschland, Weihnachten in anderen Ländern, Fußball-WM, Wald etc. Aus den Lösungen der Rätsel ergeben sich Zahlenkombinationen, mit denen die Schlösser geöffnet werden können. Da Anzahl und Schwierigkeit der Rätsel und Hinweise an das jeweilige Niveau der Klasse angepasst werden können, sind Breakouts prinzipiell für jede Klassenstufe geeignet.

Rätselideen

Bei der Erstellung der Aufgaben und Rätsel sind der Fantasie kaum Grenzen gesetzt.

Beispiele:
- LearningApps-Aufgaben (siehe Kapitel *3.11 LearningApps*)
- Interaktive Filme
- Kreuzworträtsel (analog oder digital)
- Rechenaufgaben
- Puzzles
- Spiegelschriften
- Aufgaben, Vorgänge oder Abläufe in eine richtige Reihenfolge bringen
- Wissensfragen, zu deren Lösung die Kindersuchmaschine verwendet werden kann (siehe Kapitel *3.2 Recherchieren*)

Links zu Aufgaben, Fragen und kurzen Texten werden den Gruppen per QR-Code zur Verfügung gestellt.

So geht's

In einer Rahmengeschichte wird zu Beginn geklärt, was in der Kiste ist und warum sie dringend geöffnet werden muss. Dieser Einstieg kann z.B. ein Brief, eine Audiodatei, eine Präsentation oder ein Film sein. Ob Science-Fiction-/Detektiv-/Spionage-/Abenteuergeschichte oder realitätsnaher Einstieg bleibt jedem selbst überlassen und kann passend zum Thema des Escaperooms gewählt werden. Spannende Musik ist der Startschuss für die Gruppen. Es ist sinnvoll, wenn immer nur ein Teilnehmer pro Gruppe auf Hinweissuche geht. Dafür gibt es pro Gruppe ein „Sucher-Schild" zum Umhängen.

Welches Gruppenmitglied suchen geht und ob sich die Kinder dabei abwechseln, entscheiden die Gruppen selbst. Während ein Kind auf die Suche geht, beginnen die anderen Gruppenmitglieder mit der Bearbeitung der Aufgaben und Hinweise.

Je nach Ausstattung gibt es verschiedene Möglichkeiten: Jede Gruppe kann eine eigene Schatzkiste zur Bearbeitung bekommen. Man kann aber auch eine Kiste für die ganze Klasse verwenden und jede Gruppe bearbeitet einen Teil der Rätsel. Nur alle Gruppen gemeinsam können dann die Schatzkiste öffnen.

Um die Aufgaben der verschiedenen Gruppen auseinanderhalten zu können, ist jeder Gruppe eine Farbe zugeordnet. Hinweise, Rätsel und QR-Codes für diese Gruppe sind dann auf Papier in der jeweiligen Farbe gedruckt oder in farbigen Umschlägen versteckt. So weiß jede Gruppe genau, welche Hinweise für sie bestimmt sind. Die blaue Gruppe darf dann z.B. nur alle blauen Hinweise nehmen und bearbeiten.

Nach Ablauf der Zeit bzw. wenn alle Gruppen die Kisten geöffnet haben, sollte immer eine Reflexionsrunde stattfinden. Hier berichten die Kinder, was bei den einzelnen Aufgaben zu tun war, und erklären, wie sie auf die richtigen Lösungen und die Zahlencodes kamen. Außerdem wird reflektiert, wie die Zusammenarbeit in der Gruppe funktioniert hat. Dabei entwickeln die Schüler auch direkt Ideen, wie Kooperation und Organisation beim nächsten Mal noch besser laufen könnte.

<u>Mögliche Reflexionsfragen</u>

1. Was war bei den einzelnen Aufgaben zu tun und wie seid ihr auf die Lösung gekommen?
2. Wie habt ihr die Aufgaben im Team verteilt?

3. Welche Aufgaben waren besonders leicht, welche waren besonders schwer und warum?
4. Konntet ihr gut und zielgerichtet zusammenarbeiten?
5. Gab es Probleme? Welche?
6. Was würdest du beim nächsten Mal wieder genauso oder anders machen?

Unterrichtsbeispiel

Thema: Reise durch Deutschland (Klasse 3/4)

Einstieg/Rahmengeschichte:

Klasse 4b will im Sommer eine Woche ins Schullandheim fahren. Frau Knoblauch hat schon reserviert. Heute muss sie die Reservierung bestätigen und die Plätze fest buchen, sonst werden sie an eine andere Klasse vergeben.

Um den Reservierungscode besonders gut aufzubewahren, hat Frau Knoblauch ihn in einer Truhe mit vielen Schlössern eingesperrt. Aber sie hat die Kombinationen der Schlösser vergessen! Die Zeit rennt davon! In 40 Minuten muss der Reservierungscode durchgegeben werden.

In der Truhe finden die Kinder den Reservierungscode, ein Foto des Schullandheims mit dem Termin der Fahrt und einen QR-Code, der auf die Homepage des Schullandheims führt. So können sich die Gruppen, die die Kiste schon geöffnet haben, auf der Homepage umsehen, während die anderen Gruppen noch an den Rätseln und Hinweisen arbeiten.

Rätsel

Hier wird eine Auswahl an Aufgaben und Hinweisen vorgestellt, aus denen je nach Lerngruppe und Vorliebe ausgewählt werden kann. LearningApps-Aufgaben können auch verändert und so an die eigene Lerngruppe angepasst werden (siehe Kapitel *3.11 LearningApps*)

a) **LearningApps-Aufgabe: Paare bilden**
Per QR-Code gelangen die Kinder zu einer LearningApps-Aufgabe, bei der sie Paare aus Bundesland und Landeshauptstadt bilden müssen. Bei richtiger Lösung erhalten sie den Code.

b) LearningApps-Aufgabe: Zuordnung

Per QR-Code gelangen die Kinder zu einer LearningApps-Aufgabe, bei der sie auf der Deutschlandkarte die Bundesländer zuordnen müssen. Bei richtiger Lösung erscheint der Code.

c) Deutschlandpuzzle

Ein Bild der Deutschlandkarte wird auf Karton geklebt und in mehrere Teile zerschnitten. Mit einem UV-Stift wird der Zahlencode darauf geschrieben. Wenn alle Teile aneinandergelegt sind, kann man mit einer UV-Lampe (in klein auch am Deckel eines UV-Stiftes dabei) den Code sichtbar machen. Die UV-Lampe befindet sich unter dem Material, das die Gruppen erhalten haben. Allerdings ohne Hinweis, was damit zu tun ist.

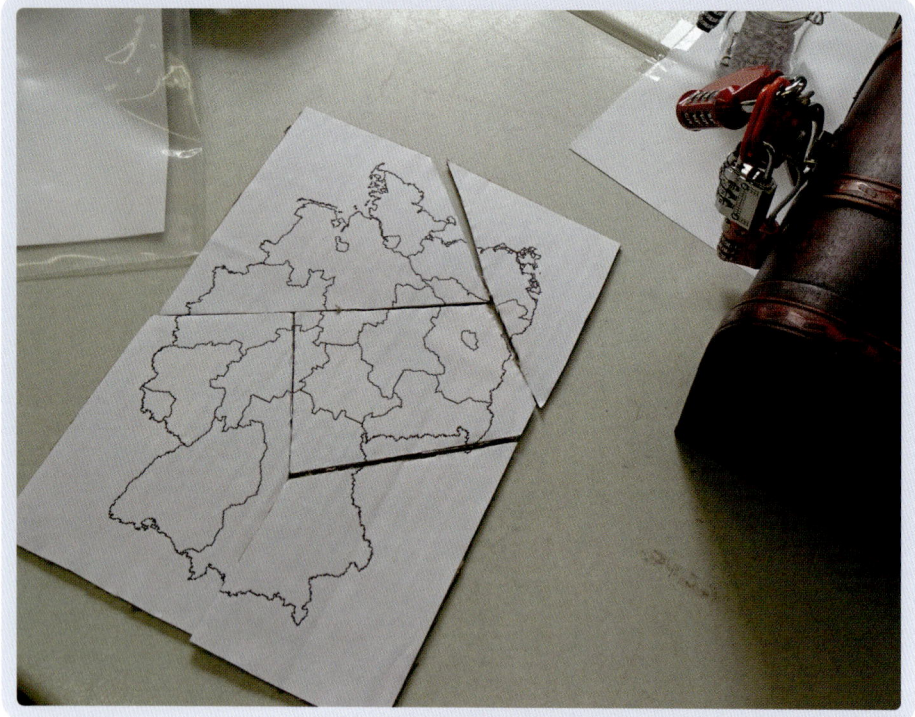

d) Kreuzworträtsel

Die Kinder lösen das Kreuzworträtsel. Dabei können die Tablets zur Recherche eingesetzt werden. Die Buchstaben in den grau hinterlegten Feldern ergeben in der richtigen Reihenfolge ein Lösungswort. Um das Lösungswort in den Zahlencode zu übersetzen, muss es im Grundschulwörterbuch nachgeschlagen werden. Die Seite im Wörterbuch, auf der das Wort steht, ist die Zahlenkombination. Das Wörterbuch befindet sich unter dem Material, das den Gruppen zur Verfügung gestellt worden ist. Allerdings ohne Hinweis, was damit zu tun ist.

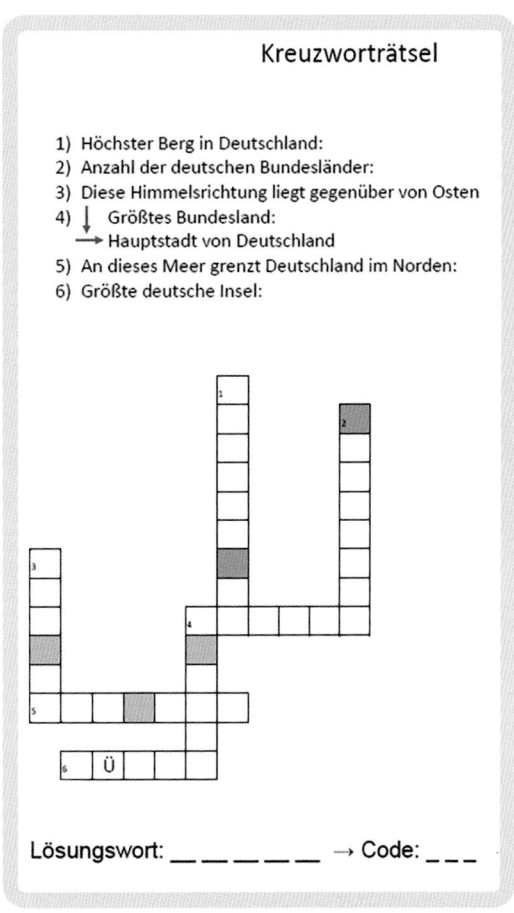

Kreuzworträtsel

1) Höchster Berg in Deutschland:
2) Anzahl der deutschen Bundesländer:
3) Diese Himmelsrichtung liegt gegenüber von Osten
4) ↓ Größtes Bundesland:
   → Hauptstadt von Deutschland
5) An dieses Meer grenzt Deutschland im Norden:
6) Größte deutsche Insel:

Lösungswort: _ _ _ _ _ → Code: _ _ _

e) Rechenaufgaben

Rechenaufgaben können unabhängig vom Rahmenthema immer als Aufgabe eingebaut werden. Dabei kann es sich um eine Aufgabe mit einem dreistelligen Ergebnis handeln. Das Ergebnis ist dann der Code für das Zahlenschloss. Es können auch drei Aufgaben mit jeweils einstelligem Ergebnis sein, deren Ergebnisse hintereinander den Code für das Zahlenschloss ergeben.

f) Fragen beantworten

In einem farbigen Briefumschlag stecken vier QR-Codes. Hinter jedem QR-Code ist eine Frage mit drei bis vier Antwortmöglichkeiten codiert. Jeder Antwortmöglichkeit ist eine Ziffer zugeordnet. Um die Frage zu beantworten, können die Kinder im Internet recherchieren.

Beispielfrage:

1. Was ist der längste Fluss der Erde?

Ganges	*4*
Kongo	*6*
Nil	*3*
Donau	*9*

Die vier Fragen sind von 1–4 nummeriert.
Die Ziffern des Codes ergeben sich aus den richtigen Antworten. Die Reihenfolge der Ziffern bestimmt die Nummerierung der Frage.

Fazit

BreakoutEdu® ist eine tolle Erfahrung, bei der die Schüler methodische, kommunikative und soziale Kompetenzen einüben und im Sinne des 4K-Modells Kommunikation, Kollaboration, Kreativität und kritisches Denken trainieren. Verschiedene Methodenkompetenzen im Umgang mit digitalen Medien werden dabei erlernt und angewandt.

 *Tipp*

Man sollte ein Dokument anlegen, in dem alle Schlösser mit den aktuellen Kombinationen aufgelistet sind, und zusätzlich ein Dokument zur Übersicht aller Rätsel und Schlösser eines Breakouts.
Auf Twitter® findet man unter dem Hashtag #breakouedu bzw. #edubreakout viele Ideen und Inspirationen für eigene Breakouts. Einige Kollegen, wie z.B. Elke Noah (@Klassenkrempel), Stefan Schwarz (@swarzste) und ich (@Verena-Knoblauch), beschäftigen sich viel mit dem Thema und teilen Material und Ideen. Auch in der Facebook-Gruppe „Breakout Edu Germany" findet Austausch statt. Auf einem Padlet[58] hat Elke Noah Ideen und Informationen zum Thema „Breakout" gesammelt.

---

[58] https://padlet.com/klassenkrempel/i5u1xe1mnju6 (aufgerufen am 02.09.2019)

4 Anhang

4.1 Alle Medienkompetenzen im Überblick

Die „Kompetenzen in der digitalen Welt"[59] umfassen die nachfolgend aufgeführten **sechs Kompetenzbereiche**:

1 Suchen, Verarbeiten und Aufbewahren

1.1 Suchen und Filtern

    1.1.1 Arbeits- und Suchinteressen klären und festlegen

    1.1.2 Suchstrategien nutzen und weiterentwickeln

    1.1.3 In verschiedenen digitalen Umgebungen suchen

    1.1.4 Relevante Quellen identifizieren und zusammenführen

1.2 Auswerten und Bewerten

    1.2.1 Informationen und Daten analysieren, interpretieren und kritisch bewerten

    1.2.2 Informationsquellen analysieren und kritisch bewerten

1.3 Speichern und Abrufen

    1.3.1 Informationen und Daten sicher speichern, wiederfinden und von verschiedenen Orten abrufen

    1.3.2 Informationen und Daten zusammenfassen, organisieren und strukturiert aufbewahren

2 Kommunizieren und Kooperieren

2.1 Interagieren

    2.1.1 Mithilfe verschiedener digitaler Kommunikationsmöglichkeiten kommunizieren

    2.1.2 Digitale Kommunikationsmöglichkeiten zielgerichtet- und situationsgerecht auswählen

---

[59] Bildung in der digitalen Welt – Strategie der Kultusministerkonferenz in: Sammlung der Beschlüsse der Ständigen Konferenz der Kultusminister der Länder in der Bundesrepublik Deutschland, Wolters Kluwer Deutschland, Köln 2019.

2.2 Teilen

    2.2.1 Dateien, Informationen und Links teilen

    2.2.2 Referenzierungspraxis beherrschen (Quellenangaben)

2.3 Zusammenarbeiten

    2.3.1 Digitale Werkzeuge für die Zusammenarbeit bei der Zusammenführung von Informationen, Daten und Ressourcen nutzen

    2.3.2 Digitale Werkzeuge bei der gemeinsamen Erarbeitung von Dokumenten nutzen

2.4 Umgangsregeln kennen und einhalten (Netiquette)

    2.4.1 Verhaltensregeln bei digitaler Interaktion und Kooperation kennen und anwenden

    2.4.2 Kommunikation der jeweiligen Umgebung anpassen

    2.4.3 Ethische Prinzipien bei der Kommunikation kennen und berücksichtigen

    2.4.4 Kulturelle Vielfalt in digitalen Umgebungen berücksichtigen

2.5 An der Gesellschaft aktiv teilhaben

    2.5.1 Öffentliche und private Dienste nutzen

    2.5.2 Medienerfahrungen weitergeben und in kommunikative Prozesse einbringen

    2.5.3 Als selbstbestimmter Bürger aktiv an der Gesellschaft teilhaben

3   Produzieren und Präsentieren

3.1 Entwickeln und Produzieren

    3.1.1 Mehrere technische Bearbeitungswerkzeuge kennen und anwenden

    3.1.2 Eine Produktion planen und in verschiedenen Formaten gestalten, präsentieren, veröffentlichen oder teilen

3.2 Weiterverarbeiten und Integrieren

    3.2.1 Inhalte in verschiedenen Formaten bearbeiten, zusammenführen, präsentieren und veröffentlichen oder teilen

    3.2.2 Informationen, Inhalte und vorhandene digitale Produkte weiterverarbeiten und in bestehendes Wissen integrieren

3.3 Rechtliche Vorgaben beachten

    3.3.1 Bedeutung von Urheberrecht und geistigem Eigentum kennen

    3.3.2 Urheber- und Nutzungsrechte (Lizenzen) bei eigenen und fremden Werken berücksichtigen

    3.3.3 Persönlichkeitsrechte beachten

4 Schützen und sicher Agieren

4.1 Sicher in digitalen Umgebungen agieren

4.1.1 Risiken und Gefahren in digitalen Umgebungen kennen, reflektieren und berücksichtigen

4.1.2 Strategien zum Schutz entwickeln und anwenden

4.2 Persönliche Daten und Privatsphäre schützen

4.2.1 Maßnahmen für Datensicherheit und gegen Datenmissbrauch berücksichtigen

4.2.2 Privatsphäre in digitalen Umgebungen durch geeignete Maßnahmen schützen

4.2.3 Sicherheitseinstellungen ständig aktualisieren

4.2.4 Jugendschutz- und Verbraucherschutzmaßnahmen berücksichtigen

4.3 Gesundheit schützen

4.3.1 Suchtgefahren vermeiden, sich selbst und andere vor möglichen Gefahren schützen

4.3.2 Digitale Technologien gesundheitsbewusst nutzen

4.3.3 Digitale Technologien für soziales Wohlergehen und Eingliederung nutzen

4.4 Natur und Umwelt schützen

4.4.1 Umweltauswirkungen digitaler Technologien berücksichtigen

5 Problemlösen und Handeln

5.1 Technische Probleme lösen

5.1.1 Anforderungen an digitale Umgebungen formulieren

5.1.2 Technische Probleme identifizieren

5.1.3 Bedarfe für Lösungen ermitteln und Lösungen finden bzw. Lösungsstrategien entwickeln

5.2 Werkzeuge bedarfsgerecht einsetzen

5.2.1 Eine Vielzahl von digitalen Werkzeugen kennen und kreativ anwenden

5.2.2 Anforderungen an digitale Werkzeuge formulieren

5.2.3 Passende Werkzeuge zur Lösung identifizieren

5.2.4 Digitale Umgebungen und Werkzeuge zum persönlichen Gebrauch anpassen

5.3 Eigene Defizite ermitteln und nach Lösungen suchen

5.3.1 Eigene Defizite bei der Nutzung digitaler Werkzeuge erkennen und Strategien zur Beseitigung entwickeln

5.3.2 Eigene Strategien zur Problemlösung mit anderen teilen

5.4 Digitale Werkzeuge und Medien zum Lernen, Arbeiten und Problemlösen nutzen

5.4.1 Effektive digitale Lernmöglichkeiten finden, bewerten und nutzen

5.4.2 Persönliches System von vernetzten digitalen Lernressourcen selbst organisieren können

5.5 Algorithmen erkennen und formulieren

5.5.1 Funktionsweisen und grundlegende Prinzipien der digitalen Welt kennen und verstehen.

5.5.2 Algorithmische Strukturen in genutzten digitalen Tools erkennen und formulieren

5.5.3 Eine strukturierte, algorithmische Sequenz zur Lösung eines Problems planen und verwenden

6 Analysieren und Reflektieren

6.1 Medien analysieren und bewerten

6.1.1 Gestaltungsmittel von digitalen Medienangeboten kennen und bewerten

6.1.2 Interessengeleitete Setzung, Verbreitung und Dominanz von Themen in digitalen Umgebungen erkennen und beurteilen

6.1.3 Wirkungen von Medien in der digitalen Welt (z. B. mediale Konstrukte, Stars, Idole, Computerspiele, mediale Gewaltdarstellungen) analysieren und konstruktiv damit umgehen

6.2 Medien in der digitalen Welt verstehen und reflektieren

6.2.1 Vielfalt der digitalen Medienlandschaft kennen

6.2.2 Chancen und Risiken des Mediengebrauchs in unterschiedlichen Lebensbereichen erkennen, eigenen Mediengebrauch reflektieren und ggf. modifizieren

6.2.3 Vorteile und Risiken von Geschäftsaktivitäten und Services im Internet analysieren und beurteilen

6.2.4 Wirtschaftliche Bedeutung der digitalen Medien und digitaler Technologien kennen und sie für eigene Geschäftsideen nutzen

6.2.5 Die Bedeutung von digitalen Medien für die politische Meinungsbildung und Entscheidungsfindung kennen und nutzen

6.2.6 Potenziale der Digitalisierung im Sinne sozialer Integration und sozialer Teilhabe erkennen, analysieren und reflektieren

4.2 Appliste

Name	Kompetenzbereiche KMK	Betriebssystem	Preis	Kapitel
Book Creator®	Kommunizieren und Kooperieren	iOS®	5,49 €	3.5 Book Creator®
	Produzieren und Präsentieren	im Chrome® Browser	kostenlos	
Chromavid®	Produzieren und Präsentieren	Android®	kostenlos	3.3 Greenscreen
	Analysieren und Reflektieren			
fragFinn®	Suchen, Verarbeiten und Aufbewahren	Android® iOS®	kostenlos	3.2 Recherchieren
	Analysieren und Reflektieren	oder unabhängig im Browser		
Greenscreen by Do Ink®	Produzieren und Präsentieren	iOS®	3,49 €	3.3 Greenscreen
	Analysieren und Reflektieren			
Kahoot!®	/	unabhängig	Basisversion kostenlos	3.10 Kahoot!®
KineMaster Pro®	Produzieren und Präsentieren	Android®	kostenlos	3.3 Greenscreen
	Analysieren und Reflektieren			
LearningApps	/	unabhängig	kostenlos	3.11 LearningApps
Leo	Suchen, Verarbeiten und Aufbewahren	unabhängig	kostenlos	3.2 Recherchieren
Mentimeter®	Kommunizieren und Kooperieren	unabhängig	Basisversion kostenlos	3.8 Mentimeter®
			Proversion 6,30 € / Monat	
ONCOO®	Kommunizieren und Kooperieren	unabhängig	kostenlos	3.9 ONCOO®
Padlet	Kommunizieren und Kooperieren	unabhängig	Lehreraccount: Basisversion kostenlos	3.7 Kooperatives und kollaboratives Arbeiten
	Produzieren und Präsentieren		Proversion 7,45 € / Monat	

Name	Kompetenzbereiche KMK	Betriebssystem	Preis	Kapitel
Paulnewsman.com	Produzieren und Präsentieren Analysieren und Reflektieren	unabhängig	kostenlos	3.4 Fake News
Pinup.com	Kommunizieren und Kooperieren	unabhängig	kostenlos	3.7 Kooperatives und kollaboratives Arbeiten
Pixabay®	Suchen, Verarbeiten und Aufbewahren	Android® iOS® oder unabhängig im Browser	kostenlos	3.2 Recherchieren
QR Code Generator	/	Windows®	kostenlos	3.1 QR-Codes
Stop Motion Studio®	Produzieren und Präsentieren	unabhängig	kostenlos	3.6 Stop-Motion-Film
ZUMPad	Kommunizieren und Kooperieren	unabhängig	kostenlos	3.7 Kooperatives und kollaboratives Arbeiten
Zxing QR-Code Reader	/	Android®	kostenlos	3.1 QR-Codes